AF168031

Ralf Pochadt

Attraktionssteigerung von touristischen Destinationen bei zunehmendem Wettbewerbsdruck

Symbolorientierte integrale Gestaltung von Destinationen · das Beispiel Asturien

Diplomica® Verlag GmbH

Pochadt, Ralf: Attraktionssteigerung von touristischen Destinationen bei zunehmendem Wettbewerbsdruck. Symbolorientierte integrale Gestaltung von Destinationen - das Beispiel Asturien, Hamburg, Diplomica Verlag GmbH 2009

ISBN: 978-3-8366-7093-7
Druck Diplomica® Verlag GmbH, Hamburg, 2009

Bibliografische Information der Deutschen Bibliothek
Die Deutsche Bibliothek verzeichnet diese Publikation in der Deutschen Nationalbibliografie;
detaillierte bibliografische Daten sind im Internet über
<http://dnb.ddb.de> abrufbar.

Dieses Werk ist urheberrechtlich geschützt. Die dadurch begründeten Rechte, insbesondere die der Übersetzung, des Nachdrucks, des Vortrags, der Entnahme von Abbildungen und Tabellen, der Funksendung, der Mikroverfilmung oder der Vervielfältigung auf anderen Wegen und der Speicherung in Datenverarbeitungsanlagen, bleiben, auch bei nur auszugsweiser Verwertung, vorbehalten. Eine Vervielfältigung dieses Werkes oder von Teilen dieses Werkes ist auch im Einzelfall nur in den Grenzen der gesetzlichen Bestimmungen des Urheberrechtsgesetzes der Bundesrepublik Deutschland in der jeweils geltenden Fassung zulässig. Sie ist grundsätzlich vergütungspflichtig. Zuwiderhandlungen unterliegen den Strafbestimmungen des Urheberrechtes.

Die Wiedergabe von Gebrauchsnamen, Handelsnamen, Warenbezeichnungen usw. in diesem Werk berechtigt auch ohne besondere Kennzeichnung nicht zu der Annahme, dass solche Namen im Sinne der Warenzeichen- und Markenschutz-Gesetzgebung als frei zu betrachten wären und daher von jedermann benutzt werden dürften.

Die Informationen in diesem Werk wurden mit Sorgfalt erarbeitet. Dennoch können Fehler nicht vollständig ausgeschlossen werden und der Verlag, die Autoren oder Übersetzer übernehmen keine juristische Verantwortung oder irgendeine Haftung für evtl. verbliebene fehlerhafte Angaben und deren Folgen.

© Diplomica Verlag GmbH
http://www.diplomica-verlag.de, Hamburg 2009
Printed in Germany

Inhaltsverzeichnis

Tabellenverzeichnis

1. Einleitung

Es war zu der Zeit, da Gott Erde und Himmel machte. …
Und Gott pflanzte einen Garten in Eden gegen Osten hin
und setzte den Menschen hinein, den er gemacht hatte.
Und Gott ließ aufwachsen aus der Erde allerlei Bäume, verlockend anzusehen und gut zu essen,
und den Baum des Lebens mitten im Garten und den Baum der Erkenntnis des Guten und Bösen.
Und es ging aus von Eden ein Strom, den Garten zu bewässern …
(Die Bibel: 1. Mose 2.4+8-10)

Es ist schon erstaunlich: Seit Jahren ist in der touristischen Werbung ein uralter Mythos lebendig - der Paradiesmythos. Immer noch scheint von ihm eine faszinierende Anziehungskraft auszugehen. Werbeprospekte geizen nicht mit Superlativen, wenn es darum geht, den Paradiesmythos mit dem Verkauf von Reisen zu verbinden. Urlaubs*paradiese* haben Konjunktur. Warum ist das so? Woher kommt die Lust am Reisen hin zu den vermeintlich paradiesischen Orten dieser Welt? Den Ursachen der Reiselust nachspüren und Erklärungen für das soziale Phänomen der touristischen Reisen finden, darum geht es im ersten Hauptteil dieser Studie.

Im zweiten Hauptteil geht es um die Gestaltung touristischer Zielgebiete unter Berücksichtigung der Ursachen der Reiselust. Für die Destinationsgestaltung ergeben sich angesichts der zunehmenden mediatisierten Kommunikationsbeziehungen neue Handlungsmöglichkeiten. Mediatisierung ist eng mit der Notwendigkeit zur Symbolbildung verbunden. Destinationssymbole ermöglichen den Reisenden eine Orientierung, eine durch Symbole verdichtete Erfassung des Wesens der Destination. Lothar Bertels hat dies für Städte beschrieben. Analog gilt seine Beschreibung auch für andere Destinationen: „Hinsichtlich der Symbolbildung geht es vor allem darum, einen Wesenszug der Stadt hervorzuheben. Eine Stadt hat in gewisser Weise eine Persönlichkeit, einen eigenen Charakter. Sie hat einen Ruf und eine Biographie. Somit werden Städte als wesenhaft gesehen, und sie werden damit einmalig, besonders, unterscheidbar - und vergleichbar mit anderen Städten." (Bertels 1997: 71)

Im dritten Hauptteil erfolgt eine Annäherung an das Wesen der Destination Asturien in Nordspanien. Es wird exemplarisch zu zeigen sein, wie die Einbeziehung der identitätsbezogenen Funktionen der Ferienkultur in modernen Gesellschaften als Chance für die Attraktionssteigerung von Destinationen genutzt werden kann.

2. Theoretische Vorüberlegungen

2.1 Stand der Forschung und Wissenslücke

Tourismus kann als die Gesamtheit der Beziehungen und Erscheinungen bezeichnet werden, die sich aus der Ortsveränderung und dem Aufenthalt von Personen ergeben, die am Aufenthaltsort weder hauptsächlich noch dauernd leben bzw. arbeiten. (Kaspar 1996: 16) Die „Tour" meint im wörtlichen Sinne eine Hin- und Rückreise, eine Reise, die an ihren Ausgangspunkt zurückführt.

Die Erklärung des sozialen Handelns Reisender ist bisher vor allem Gegenstand von Untersuchungen im Bereich der betriebswirtschaftlich geprägten Tourismuswissenschaft. Auch interdisziplinäre sozialwissenschaftlich orientierte Untersuchungen liegen vor. Soziologische Untersuchungen im Forschungsbereich der Tourismussoziologie, die das soziale Phänomen Reisen deutend zu verstehen suchen und ursächlich erklären, gibt es hingegen bisher nur wenige. Vester (1999) hat soziologische Theorien auf das soziale Phänomen Reisen bezogen und Bachleitner (2005) gibt einen Überblick über das Forschungsprogramm der Tourismussoziologie. Er kommt zu dem Resümee, dass es weiterhin ein Theoriedefizit gäbe und die zentrale Frage: „Warum verreisen wir eigentlich?" immer noch keine zufrieden stellende Antwort gefunden habe.

Im Jahre 1982 war es die Soziologin Alma Gottlieb, die über die Reisemotivationsforschung hinaus, ein einziges grundlegendes Muster für das Reisen zu bestimmen suchte. Sie identifizierte den Wunsch nach einem Identitätswechsel auf Zeit, der Reisende antreiben soll. (Gottlieb 1993) In der Tourismussoziologie ist der Zusammenhang zwischen Reisen und Identitätsentwicklung von einzelnen Autoren aufgegriffen worden. Christoph Hennig beschreibt die Tiefenstruktur des Reisens aus soziologischer und anthropologischer Perspektive und identifiziert den „Wunsch nach Verwandlung", nach individuellem Identitätswandel, als eine zentrale Ursache für die Entstehung der Reiselust. (Hennig 1999, 2001)

Mit ihrem Vier-Kulturen-Schema hat Marion Thiem (1993, 1994, 1998, 2001) die Bedeutung des Tourismus für die kulturelle Identität von Ziel- und Quellregionen theoretisch herausgearbeitet. Demnach erfüllt die Ferienkultur in modernen Gesellschaften vitale identitätsstiftende Funktionen für die Kultur der Quellregion: die mythische Funktion, die rituelle Funktion und die utopische Funktion. Sie kommt zu der Schlussfolgerung, dass die optimale Erfüllung der mythischen, rituellen und utopischen Funktionen der Ferienkultur daran ausgerichtete Gestaltungsmaßnahmen erfordert. (Thiem 1994: 18) Das Vier-Kulturen-Schema stellt einen wesentlichen Fortschritt für die Beschreibung und Erklärung der Wechselwirkungen von Kultur und Tourismus dar. (Kiefl / Bachleitner 2005: 135, 188)

Die Studie knüpft an die Forschungsergebnisse von Thiem an und wendet sie auf die Gestaltung von Destinationen an. Bisher wurde kein Versuch unternommen, den mythischen, rituellen und utopischen Charakter der Ferienkultur in modernen Gesellschaften in systematischer Weise auf die Bedeutung für die Gestaltung von Destinationen hin zu untersuchen. Eine systematische Ausrichtung der Destinationsgestaltung an den mythischen, rituellen und utopischen Funktionen der Ferienkultur der Quellregion ist auch nicht zu erwarten, da diese Funktionen in der Dienstleistungskultur der Zielregionen zumeist nicht bewusst sind.

2.2 Hypothese und Forschungsfrage

Die Tourismuswissenschaft insgesamt und die Destinationsgestaltung im Besonderen sind bisher vor allem ökonomisch ausgerichtet. In der touristischen Werbung werden mythologische Sinnbilder ganz selbstverständlich genutzt, was die inflationäre Verwendung mythischer Symbole in Reiseprospekten zeigt. Eine Rückkoppelung an die Destinationsgestaltung erfolgt aus der betriebswirtschaftlichen Perspektive zumeist nicht.

Im Rahmen dieser Arbeit wird das Ziel verfolgt, die Wechselwirkungen zwischen der Ferienkultur einer touristischen Quellregion und der Destinationsgestaltung in der Dienstleistungskultur einer Zielregion zu untersuchen. Gefragt wird nach den Ursachen des Reisens in der Ferienkultur und dem damit verbundenen Wirkungszusammenhang für die Attraktionssteigerung eines touristischen Zielgebietes. Folgende Hypothese liegt der Arbeit zugrunde:

- Wenn die mythischen, rituellen und utopischen Funktionen der Ferienkultur in modernen Gesellschaften bei der Destinationsgestaltung berücksichtigt werden und wenn zusätzlich auch die Rahmenbedingungen für das Reisen von der jeweiligen Quell- zur Zielregion förderlich sind, dann ist eine Attraktionssteigerung der Destination für Touristen aus der Quellregion zu erwarten.

Die Frage nach dem zugrunde liegenden Wirkungsmechanismus (die allgemeine Forschungsfrage) lautet:

- Wie ist der ursächliche Wirkungsmechanismus, mit dem ein touristisches Zielgebiet zu einer attraktiven touristischen Destination für Reisende aus einer bestimmten Quellregion werden kann und wie kann dieser Wirkungsmechanismus erfasst werden?

Die spezifische, auf eine konkrete Quell- und eine Zielregion bezogene Forschungsfrage lautet:

- Wie ist der ursächliche Wirkungsmechanismus, mit dem Asturien zwischen 2003 und 2007 zu einer attraktiven touristischen Destination für Reisende aus Deutschland geworden ist und wie kann dieser Wirkungsmechanismus erfasst werden?

Die empirische Untersuchung stützt sich auf das Vier-Kulturen-Schema, bezieht tourismuswissenschaftliche Forschungsergebnisse und vorhandene Daten bezüglich der Tourismusentwicklung in Asturien ein. Insgesamt soll mit dem theoretischen Teil der Arbeit und der daraus abzuleitenden empirischen Untersuchung ein Beitrag zur Theorieentwicklung des Reisens geleistet werden.

Es wird ein ursächlicher Zusammenhang zwischen den identitätsbezogenen Funktionen des Reisens auf Seiten der Quellregion und der Herausbildung einer attraktiven touristischen Destination auf Seiten der Zielregion vermutet. Gefragt wird nach einem allgemeinen Zusammenhang, der für touristische Reisen in modernen Gesellschaften (als Quellregion) gilt.

2.3 Erklärungs- und Untersuchungsstrategie

Eine touristische Reise ist ein soziales Phänomen der Beziehung zwischen Menschen einer spezifischen Quell- und Zielregion. Für die Beantwortung der allgemeinen Forschungsfrage ist es daher erforderlich, einen spezifischen Fall für eine Quell- und eine Zielregion zu wählen.

Als Fallbeispiel erscheint eine Destination besonders dann geeignet, wenn dort die in der Hypothese formulierte Vermutung hinsichtlich der Wirkungen der aufzudeckenden Kausalzusammenhänge empirisch bereits gegeben ist (Attraktionssteigerung einer Zielregion für Reisende aus einer Quellregion). Dann kann danach gefragt werden, wie es zu dieser Attraktionssteigerung gekommen ist und welche ursächliche Bedeutung mythologische, rituelle und utopische Funktionen der Ferienkultur dabei hatten.

In der nordspanischen Provinz Asturien ist insbesondere seit 2003 eine Attraktionssteigerung für Reisende aus Deutschland zu beobachten. Der Tourismus ist für Asturien ein wichtiger Wirtschaftsfaktor. Hier hat sich eine touristische Dienstleistungskultur herausgebildet. Es wird eine aktive Destinationsgestaltung mit tourismuspolitisch definierten Zielen für eine nachhaltige Tourismusentwicklung verfolgt. Asturien ist eine relativ kleine Destination. Statistische Daten zur Tourismusentwicklung mit Angaben zur Entwicklung des Reiseaufkommens aus Deutschland liegen vor. Asturien ist eine wichtige Destination für den spanischen Binnentourismus. Die Entwicklungsdynamik des Auslandstourismus und der relativ starke Anstieg gerade deutscher Touristen sind neue soziale Phänomene, für die bislang keine ursächlichen Erklärungen bekannt zu sein scheinen.

Die empirische Untersuchung erfolgt deshalb (und aus forschungspraktischen und persönlichen Gründen[1]) für die Reisedestination Asturien als Zielregion. Es handelt sich um eine rekonstruierende Untersuchung des sozialen Sachverhalts, dass immer mehr Reisende aus Deutschland (Quellregion) Asturien als Zielregion wählen. Damit liegt der Untersuchung eine fall-basierte Erklärungsstrategie zugrunde.

Als Einzelfallstudie soll im Rahmen der Untersuchung zunächst versucht werden, die ursächlichen Wirkungsmechanismen des Gegenstandsbereichs zu identifizieren,

Indikatoren zu definieren und Erfassungsmöglichkeiten zu entwickeln. Sollte sich herausstellen, dass die vermuteten Einflussfaktoren und Wirkungsmechanismen zutreffen, dann wäre eine Ausweitung der Forschungsarbeit im Anschluss an die Studie vorstellbar. Es könnten weitere Einzelfallstudien durchgeführt werden und anschließend wäre eine vergleichende Untersuchung möglich.

Im Rahmen dieser Arbeit erfolgt die Entwicklung eines hypothetischen Modells zur Erfassung und Bewusstmachung der Einflussfaktoren und ursächlichen Kausalzusammenhänge für touristische Reisen von einer Quell- in eine Zielregion in Bezug auf die Bedeutung für die Gestaltung von Destinationen. Destinationsgestaltung ist ein komplexer Prozess, mit dem ein touristisches Zielgebiet für Reiseinteressierte wahrnehmbar wird. Die Betrachtung der Destinationsgestaltung erfolgt nicht in allen ihren Facetten, sondern insbesondere in Bezug auf das für Reiseinteressierte aus Deutschland wahrnehmbare Ergebnis der Destinationsgestaltung: das touristische Angebot und die touristischen Produkte.

Im empirischen Teil dieser Arbeit ist vorgesehen, die spezifischen touristischen Angebote und Produkte einer Destination daraufhin zu untersuchen, ob und wenn ja welche Mythen und mythischen Symbole mit dem Angebot jeweils in Verbindung stehen. Damit soll ein Beitrag dazu geleistet werden, den ursächlichen Wirkungsmechanismus für die Attraktionssteigerung einer Destination zu erfassen.

2.4 Methodenwahl und praktische Durchführung

Methodisch ist für die Durchführung der empirischen Untersuchung vorgesehen, eine Analyse der für die Beantwortung der Forschungsfrage wichtigen Datenquellen vorzunehmen. Dabei wird es insbesondere darauf ankommen, den mythischen Charakter der Destination zu erfassen. Da es sich im Rahmen der Untersuchung um vielfältige, unterschiedliche und multimediale empirische Quellen handelt, erfolgt auch die inhaltliche Analyse und Auswertung des empirischen Materials mit methodischen Variationen, die der jeweiligen Datenquelle angemessen sind.

Empirische Quellen für die Identifizierung des touristischen Angebots in Asturien sind insbesondere offizielle touristische Webportale und die für deutschsprachige

Touristen allgemein zugänglichen Quellen. Als rekonstruierende Untersuchung interessiert im Rahmen dieser Arbeit das touristische Angebot, das für Reisende aus Deutschland wahrnehmbar ist, also Angebote, die in der touristischen Außendarstellung Asturiens in deutscher Sprache verfügbar sind. Für die Beschreibung der Attraktionssteigerung Asturiens für Reisende aus Deutschland sind touristische Statistiken verfügbar.

Vorgesehen ist eine anwendungsorientierte Untersuchung, die sich auf die Analyse verfügbarer Sekundärmaterialien stützt und daher relativ schnell und kostengünstig auch für andere Destinationen wiederholbar ist.

Auf der Grundlage von zu entwickelnden Suchrastern für die Variablen, die den Wirkungsmechanismus beschreiben, werden die empirischen Datenquellen analysiert. Das heißt konkret, Bilder oder andere identifizierte Medien werden erfasst und es erfolgt eine Auswahl der Informationen, die für die Beantwortung der Forschungsfrage relevant sind. Die Extraktionsergebnisse bilden die Grundlage für die Zusammenfassung der Ergebnisse in einem Profil mythischer Symbole des touristischen Angebots und touristischer Produkte. Das Profil ist eine Ergänzung des Attraktivitätsprofils von Destinationen, das im Rahmen der Attraktivitäts- und Potentialanalysen durchgeführt wird. (Freyer 2007a: 164)

Zu den Einzelheiten der Methodenwahl und des praktischen Vorgehens vgl. auch Kapitel 5.1 (Methodische Vorbemerkungen).

3. Die Ursachen der Reiselust

3.1 Die Gesellschaft der Reisenden

Reisen ist ein soziales Phänomen mit zunehmender globaler Bedeutung. Die Reiselust nimmt rasant zu: Im Jahre 1950 wurden weltweit etwa 50 Millionen touristische Auslandsreisen unternommen. Im Jahre 2007 waren es schon 903 Millionen Auslandsreisen und für 2020 prognostiziert die Welttourismusorganisation 1,6 Milliarden grenzüberschreitende Urlaubsreisen. Die direkten Einnahmen aus dem internationalen Tourismus beliefen sich 2007 auf 625 Mrd. Euro. Die Zunahme grenzüberschreitender touristischer Reisen ist insbesondere ein soziales Phänomen in modernen Gesellschaften. Sowohl die Hauptreiseziele wie auch die wichtigsten Herkunftsländer internationaler Touristen befinden sich hauptsächlich in Europa.[2] Doch neue Destinationen entstehen rund um den Globus. Der Marktanteil europäischer Destinationen ist rückläufig und der steigende Wettbewerbsdruck auf europäische Destinationen wird auch durch neue technologische Entwicklungen und insbesondere durch das Internet weiter zunehmen. (Petermann 2007: 20, Kropp 2007: 415ff, Rossmann 2006)

Wie ist es zu diesem Bedeutungszuwachs des Reisens in modernen Gesellschaften gekommen? Welche Bedingungen und Entwicklungen waren für die Zunahme internationaler touristischer Reisen bedeutsam? Zu den gesellschaftlichen Rahmenbedingungen und Einflussfaktoren, die die Entwicklung der touristischen Mobilität begünstigen, gehören:[3]

- *Sozio-politische Faktoren*, z.B. tourismusfreundliche Gesetzgebung, Reisefreiheit, vereinfachte Ein- u. Ausreisebestimmungen in der EU;

- *ökonomische Faktoren*, z.B. die positive wirtschaftliche Entwicklung in den wichtigsten Herkunfts- u. Zielregionen, die stabile Einkommenssituation und die Konsumstrukturen;

- *sozio-ökonomische Faktoren*, z.B. Ausbau der touristischen Infrastruktur und insbesondere der Verkehrsinfrastruktur;

- *sozio-strukturelle Faktoren*, z. B. Alters-, Bildungs-, Berufs- u. Haushaltsstruktur sowie die verfügbare Zeit;

- *sozio-kulturelle Faktoren*, z.B. Wertewandel, Lebensstile, Internationalisierung u. multikulturelle Erfahrungen, die Lust auf Reisen machen.

Sicherlich ist der technologische Wandel eine wichtige Grundbedingung für die Zunahme der touristischen Auslandsreisen. Neue Transportmöglichkeiten und sinkende Kosten des Reisens, wie beispielsweise die Billigangebote im Luftverkehr, eröffnen für immer mehr Menschen die Möglichkeit, auch entfernt liegende Reiseziele aufsuchen zu können. Die Sicherheitslage in den Hauptreiseländern Europas (Frankreich, Spanien, Italien, Großbritannien) wird von den Reisenden als gut wahrgenommen. Auch weltweit bietet der Reisemarkt als sicher geltende Urlaubsziele. Selbst Ereignisse wie die Anschläge vom 11.09.2001 in den USA oder die Flutkatastrophe 2004 in Asien hatten keine andauernden Auswirkungen auf das Wachstum in der Reisebranche. Auch die Finanz- und Wirtschaftskrise 2008 / 2009 wird voraussichtlich zu keiner Trendwende führen. Zwar gab es im zweiten Halbjahr 2008 einen Rückgang der Wachstumsraten für touristische Auslandsreisen und die Prognosen für 2009 gehen von einem vorübergehenden Rückgang der Wachstumsraten im internationalen Reiseverkehr aus, doch langfristig ist eine Trendumkehr nach Ansicht der Welttourismusorganisation (UNWTO) nicht zu erwarten.[4]

Auch die Diskussion um die ökologischen Folgen des zunehmenden Reiseverkehrs und insbesondere des Flugverkehrs hat zu keiner Trendwende geführt, obwohl die Umweltbelastungen durch den Flugverkehr erheblich sind: Bei einem Hin- und Rückflug an die US-amerikanische Westküste beispielsweise entstehen pro Person mehr klimaschädliche Emissionen als bei drei Jahren Autofahren. (Strasdas 2007)

Die Zunahme der Reiselust scheint unaufhaltsam. Aus einer tourismustheoretischen Perspektive auf moderne Gesellschaften können wir aufgrund dieser Entwicklungen von einer „Gesellschaft der Reisenden"[5] sprechen. Mit dieser Bezeichnung soll die besondere Bedeutung hervorgehoben werden, die das Reisen heute hat: Reisen ist zu einem konstituierenden gesellschaftlichen Charakteristikum in modernen

Gesellschaften geworden. Dies gilt nicht nur für physische Ortswechsel, sondern auch für virtuelle Reisen im Cyberspace und auch für den Bedeutungszuwachs bewusstseinsinterner Reisen in inneren Welten. Mit der Bezeichnung „Gesellschaft der Reisenden" wird eine Facette moderner Gesellschaften betont, die bislang in den Sozialwissenschaften und insbesondere in der Soziologie keinen besonderen Stellenwert hat.

3.2 Reisen und soziologische Theorien

Die soziologische Tourismusforschung und auch insgesamt die sozialwissenschaftliche Tourismusforschung der 50er bis 90er Jahre des letzten Jahrhunderts sind durch ihre Randständigkeit und ihre Definitions- und Theoriedefizite gekennzeichnet. (Schimany 1999) Der Soziologe Reinhard Bachleitner bestätigt diesen Befund auch für den Beginn des neuen Jahrtausends und hebt hervor: „Insbesondere die Soziologie, die bevorzugt für Massenphänomene zuständig wäre, zeigt eine große Zurückhaltung gegenüber dem Phänomen Reisen." (Kiefl / Bachleitner 2005: 7)

Mit soziologischen Theorien im Handgepäck machte sich Heinz-Günther Vester (1999) auf den Weg, um den Ursachen der Reiselust[6] theoretisch auf die Spur zu kommen. Er unternahm den Versuch, aus den soziologischen Theorieangeboten eine Theorie des Tourismus abzuleiten: „Der Tourismus ist schließlich ein gesellschaftliches Phänomen, Reisen ist auch ein sozialer Prozess. Wer, wenn nicht die Soziologie, sollte in der Lage sein, über soziale Phänomene Aussagen zu machen?" (Vester 1999: 8)

Aus dem umfangreichen Theorieangebot der Soziologie wählte Vester die Theorien aus, für die eine Anwendbarkeit auf touristische Phänomene gegeben ist und die über eine „Prominenz und Bedeutung innerhalb der internationalen Soziologie" (Vester 1999: 9) verfügen. Darunter beispielsweise die Rationalität des „Homo touristicus" der Handlungstheorie, der touristische Interaktionismus nach Erving Goffman, emotionssoziologische Ansätze oder die Simulation und Einübung von Hyperrealität des postmodernen Tourismus.

Soziologische Theorien bieten in ihrer Verknüpfung mit touristischen Phänomenen Ansätze für eine ursächliche Erklärung touristischer Reisen. So kann Reisen, gemäß den vier Arten des sozialen Handelns nach Max Weber, auf eine Mischung aus zweckrationalem, wertrationalem, traditionalem und affektuell-emotionalem Handeln zurückgeführt werden, wobei der Kern der touristischen Rationalität des „Homo touristicus" auf die „Verwirklichung bestimmter Werte, die Gestaltung und Erfahrung eines Traumes" (Vester 1999: 23) gerichtet ist.

In Anknüpfung an die Bühnenmetapher von Erving Goffman kann Reisen auch als Möglichkeit für die Selbstdarstellung touristischer Akteure interpretiert werden. „Gerade der Tourist begibt sich am fremden Ort, mit unvertrauten Mitspielern und vor unvertrautem Publikum auf unsichere Bühnen der Selbstdarstellung." (Vester 1999: 27) Touristische Interaktionen weisen dabei ein hohes Maß an Ritualisierung, Rahmung und Codierung auf. Dazu gehören z.B. Einreise- und Ausreiserituale an Flughäfen, Begrüßungs- und Empfangsrituale in Hotels, Aufnahmerituale in Clubanlagen oder auch die rituellen Formen der Präsentation von Reiseberichten, Urlaubsfotos, Videos und Urlaubssouvenirs. Aus der Perspektive des touristischen Interaktionismus ist die Ursache der Reiselust in dem Wunsch nach Selbstinszenierung begründet. „Wie sich von Goffman lernen lässt, besteht die Freiheit des Individuums nicht jenseits der Rahmen, sondern darin, dass man ihren gemachten - fingierten und fiktionalen - Charakter zu erkennen vermag und mit ihm womöglich spielerisch umzugehen weiß." (Vester 1999: 35)

Reisen kann auch der Stärkung emotionaler Energie dienen, denn Reisen ist eine hoch emotionale Erfahrung, darauf weist die Emotionssoziologie hin. (Vester 1999: 47ff) In touristischen Interaktionen können leicht emotionale energetische Aufladungen erfolgen: „Werden in den Interaktionsritualen Gefühle angesprochen und erregt, beziehen die Individuen emotionale Energie aus der Teilnahme an den Ritualen." (Vester 1999: 51) Der Bedeutungsgehalt der dabei verwendeten identitätsbezogenen Symbole wird gesteigert und es kommt zu einer Erhöhung der emotionalen Energie. „Die Zeremonien in Ferienclubs, die Riten in Reisegruppen, die Saufrituale und Partyorgien á la „Ballermann 6" oder das Applausritual nach gelungener Landung des Charterflugzeugs lassen einen die kollektiv aufgebauten emotionalen Energien am eigenen Leibe erfahren." (Vester 1999: 52) Die Ursachen der Reiselust sind aus dieser Perspektive letztlich verbunden mit dem Wunsch emotionale Energie zu spüren.

Reisen als Simulation und Einübung der Hyperrealität kennzeichnet das touristische Individuum aus postmoderner Perspektive. Ein anderer sein zu können und andere bedeutsame Teile seiner selbst zu leben, das löst die Alltagsidentität auf und lässt Raum für das Erproben von Teilidentitäten. „Dabei bestehen diese „Teile" aus Emotionen, Wünschen und Imaginationen „verdrängter" Innenwelten des Selbst; aber auch aus den von außen auf das Subjekt einströmenden Zeichen und Bildern realer und fiktionaler Welten." (Vester 1999: 114) Aus postmoderner Sicht ist die persönliche Identität relativ, veränderbar, hyper-real und Simulation bestimmt das Agieren im touristischen Feld. „Der Anspruch Subjekt des Handelns zu sein, sich individuell zu verwirklichen, wird rhetorisch beschworen und hypertroph. Die Selbstverwirklichung wird zur Simulation, deren Verführungskraft das Selbst und die Anderen unterliegen." (Vester 1999: 113)

Die imaginative Inszenierung subjektiver Urlaubswirklichkeiten des postmodernen Touristen führt dazu, dass Fiktion, Vorstellung und Glaube an ein ideales Urlaubsparadies wichtiger werden, als die reale Urlaubswirklichkeit. Reisen wird zu einem sakralen Ritual - auch nach der Rückkehr: „Die Wiedererinnerung an die schönen Urlaubstage und Ferienorte mit Hilfe der Karten, Fotos, Filme und Souvenirs gewährt „Re-ligio", Rückbindung an das Jenseits der Urlaubsparadiese." (Vester 1999: 111)

Vester kommt auf der Grundlage seiner Verknüpfung von soziologischen Theorien mit touristischen Phänomenen zu dem Schluss, dass die Tourismuswissenschaft und die Tourismussoziologie im Besonderen mit der Dynamik des Tourismus kaum Schritt halten kann. Soziologische Theorien, die sich auf touristische Phänomene beziehen, seien kaum entwickelt. Und weiter: „Eine einheitliche und abgeschlossene (Super-) Theorie des Tourismus ist aus den verschiedenen Theorieangeboten der Soziologie nicht abzuleiten." (Vester 1999: 119) Dennoch eröffnet Vesters Verknüpfung soziologischer Theorien mit touristischen Phänomenen wichtige Sichtweisen auf das soziale Phänomen Reisen und auch auf die Gestaltung von Reisezielen.

3.3 Reisen und Individualisierung

Bei touristischen Reisen handelt es sich um ein soziales Phänomen, das mit gesellschaftlichen Bedingungen und Veränderungen im Zusammenhang steht. Die „Gesellschaft der Reisenden" ist eine Konsequenz der Gegenwartsgesellschaft. Soziologische Gegenwartsdiagnosen beschreiben gesellschaftliche Veränderungen aus unterschiedlichen Perspektiven und machen auch Aussagen zu Erscheinungen, die mit dem Bedeutungszuwachs des sozialen Phänomens Reisen verbunden sind. Es sind Zeitdiagnosen aus unterschiedlichen Blickwinkeln. Sie analysieren gegenwärtige Gesellschaften *und* die Entwicklung der Individuen im gesellschaftlichen Kontext. Ausgehend von allgemeinen Beobachtungen nehmen sie einzelne gesellschaftliche Phänomene in den Blick, verallgemeinern und verdichten sie und entwerfen dann ein Bild der Gesellschaft, z.B. als „Risikogesellschaft" (Beck 1986), „Erlebnisgesellschaft" (Schulze 1992) oder „Multioptionsgesellschaft" (Gross 1994).

Aus der Perspektive der Multioptionsgesellschaft beispielsweise identifiziert Peter Gross den „Mehrgott" als Charakteristikum der modernen Gesellschaft. Die Devise des Mehrgott-Paradigmas lautet: Nichts ist unmöglich, jedes Mehr und jedes Bessere kann realisiert werden und jeder hat das Recht, dieses Mehr und Bessere auch einzufordern. Das „Dreipunkteprogramm" (Gross 1994: 332) der Moderne beinhaltet, angewandt auf das soziale Phänomen Reisen, die inflationäre Steigerung der Reisemöglichkeiten, die Aufforderung zur Teilnahme an den Reisemöglichkeiten, die (Illusion einer) Garantie der Teilhabe an allen offerierten Reisemöglichkeiten und dem damit verbundenen „Mehr". Nach der Entscheidung für eine bestimmte Reiseoption bleiben die vielen anderen Optionen weiterhin attraktiv. Jede Option ist mit weiteren Möglichkeiten verbunden, die realisierbar erscheinen und begehrt werden können. Die Menschheit prallt unvorbereitet auf die „Unendlichkeit" der Reisemöglichkeiten: „Die Welt mit ihrer unendlichen Vielfalt, die Natur mit ihrer unendlichen Tiefe und der Kosmos mit seiner unendlichen Weite bieten dem menschlichen Mehr und Weiterwollen ein unerschöpfliches Betätigungsfeld." (Gross 1994: 335) Gross richtet den Blick auch auf die innere Multioptionsgesellschaft und die „Ich-Jagd". Das Individuum wird zum Dividuum (Gross 1999: 99), zum multiplen Ich, das sich je nach Situation neu erfindet. Auf Reisen konfiguriert sich das Ich auf Zeit neu. „Das macht das neuzeitliche Individuum aus - es erzeugt sich und seine

Bestände und Möglichkeiten andauernd selber, es spielt sich neu -, ein *Patchwork-Dividuum.*" (Gross 1999: 114)

Aus der Perspektive der Erlebnisgesellschaft beschreibt Gerhard Schulze (1992) einen Wandel hin zu innenorientierten Motiven, z.B. für die Auswahl von Freizeit- und Reiseaktivitäten. Erlebnisse sind „psychophysische Konstruktionen" und können daher nicht garantiert werden. Kern der Erlebnisgesellschaft ist die Erlebnisorientierung als „unmittelbarste Form der Suche nach Glück." (Schulze 1992: 14). Die Individualisierungsprozesse in modernen Gesellschaften und der damit verbundene Bedeutungszuwachs der Subjektivität haben zur Folge, dass es nur wenige grundlegende Gemeinsamkeiten aller gesellschaftlichen Akteure gibt. Der Wunsch nach einem Erleben des Lebens im Sinne eines glücklichen, genussorientierten Lebens gehört dazu: „Der kleinste gemeinsame Nenner von Lebensauffassungen in unserer Gesellschaft ist die Gestaltungsidee eines schönen, interessanten, subjektiv als lohnend empfundenen Lebens." (Schulze 1992: 37). Der Erlebniswert bekommt in der Erlebnisgesellschaft eine besondere Bedeutung. Die professionelle Inszenierung von Erlebniswelten und die Entwicklung erlebnisorientierter Produkte sind Reaktionen touristischer Anbieter darauf.

Schulze differenziert die Erlebnisorientierung nach Milieutypen mit jeweils unterschiedlichen Wertorientierungen und spezifischen Kognitionsschemata, aus denen sich neue Formen der Kundensegmentierung ergeben. Dies verdeutlicht er durch eine Metapher:
„Das Publikum gleicht einem riesigen Feld von Lichtpunkten, die dann aufleuchten, wenn ein Angebot einen Konsumenten erreicht hat. Die Folge der Angebotswellen manifestiert sich als Folge von Impulsen, die über das Feld hinweghuschen und bestimmte Konfigurationen von Leuchtpunkten zum Aufblitzen bringen. Bei längerer Betrachtung stellt sich nun heraus, dass sich bestimmte Muster wiederholen, zwar nicht exakt, aber unverkennbar: zeitstabile Konsumentenmilieus, die für eine Vielzahl verschiedener Produkte Relevanz besitzen. Nehmen wir nun weiter an, bestimmte Kombinationen von Lebensalter und Bildungsgrad wären durch bestimmte Farben markiert. Dies würde zu der Entdeckung führen, dass die Muster eine deutliche Tendenz zur Einfarbigkeit aufweisen." (Schulze 1992: 455f)

Jedes dieser farbcodierten Kundensegmente hätte dann einen semantischen Code aufzuweisen, der wie ein Schlüssel zur Kundenansprache im jeweiligen Segment dienen könnte. Durch Profilierung würden dann die Produkte mit einer „Aura" umgeben. Dabei wären die allgemeinen Codes des Segments mit produktspezifischen Komponenten kombinierbar und die Einzigartigkeit des Produkts könnte z.B. durch eine symbolische Produktbezeichnung herausgestellt werden. Die symbolische Qualität von Produkten würde dann durch Suggestion vermittelt, Suggestion als ein Service, der die subjektive Konstruktion von Erlebnissen auf Seiten der Konsumenten fördert. (Schulze 1992: 440ff) Damit weist Schulze den Weg zu neuen Formen der Kundensegmentierung in Zeiten der Individualisierung und Subjektivierung.

Individualisierung bezieht sich ganz allgemein auf die Freisetzung des Einzelnen aus traditionellen Bindungen: aus Klasse, Stand, Nation, Familie und Geschlechter-Rollen beispielsweise. Dies führt einerseits zu mehr Freiheit des Einzelnen und zu einer Fülle von Optionen, z.B. zu mehr Wahlfreiheit für die persönliche Lebensgestaltung, zu mehr Mobilität und zu mehr Reiseoptionen. Andererseits ist die Individualisierung auch von neuen Zwängen begleitet, z.B. der Notwendigkeit, mit den Widersprüchen des Lebens kompetent und selbststeuerungsfähig umzugehen. Individualisierungsprozesse werden insbesondere in westlichen Gesellschaften seit den 60er Jahren des 20. Jh. beobachtet. Parallel dazu ist seit diesem Zeitraum auch erstmalig ein signifikanter Anstieg von touristischen Auslandreisen zu verzeichnen.

Wenn sich individuelle Akteure aufgerufen fühlen selbstverantwortlich ihr Leben zu gestalten, eigenverantwortlich das Beste aus ihrem Leben zu machen, dann begeben sie sich auch auf die Suche nach Orten, an denen es ihnen am besten gefällt, an denen ihre persönlichen Wünsche und Bedürfnisse vermeintlich am besten erfüllt werden können. Mehr noch: Wenn sich individuelle Akteure aufgerufen fühlen flexibel und kompetent in wechselnden Lebenswelten und gesellschaftlichen Funktionssystemen zu agieren, dann ist das Unterwegssein in fernen und andersartigen Urlaubswelten, ob als Städtetour nach Barcelona, als Shoppingtour in New York oder in Form einer Kreuzfahrt in der Antarktis nur konsequent.

Das soziale Phänomen Reisen wird vor dem Hintergrund von zunehmenden Individualisierungsprozessen zusätzlich angetrieben durch ein unauflösliches Paradox: Wenn sich individuelle Akteure aufgerufen fühlen ihre individuelle Identität selbst herzustellen, sich als einzigartig zu präsentieren, dann führt dies zu dem Versuch, sich als jemanden zu erfahren, der von anderen verschieden ist. Dies gelingt an anderen Orten, auf Reisen, in spielerischer und unverbindlicher Weise. Reisen wird damit zu einem „Symbol für Freiheit und Gestaltgebung des Selbst" (Boomers 2004: 60). Doch paradox ist die unausweichliche Erkenntnis, dass je mehr man sich seiner Einzigartigkeit und seiner persönlichen Identität nähert, umso flüssiger, unbestimmter wird sie. Dies kann weitere Reisewünsche erzeugen und zu einer immer wieder neuen Suche nach sich Selbst an anderen Orten führen. Zygmunt Bauman beschreibt, wo diese Suche letztlich hinführt: „Identity-seekers invariably face the daunting task of „squaring a circle": that generic phrase, as you know, implies tasks that can never be completed in a „real time", but are assumed to be able to reach completion in the fullness of time - in infinity…". (Baumann 2004: 10)

3.4 Reisen und Reisemotivation

Welche Ursachen liegen der Reiselust zugrunde? Soziologische Theorien können auf touristische Phänomene bezogen werden und auch soziologische Gegenwartsdiagnosen geben erste Antworten auf die Frage nach den Ursachen des Reisens. Dabei spielen Individualisierungsprozesse in modernen Gesellschaften eine zentrale Rolle. Neben diesen Ansätzen für eine ursächliche Erklärung des Reisens aus *gesellschaftlicher* Perspektive, befasst sich die Reisemotivationsforschung (Braun 1993, Mundt 2006: 105ff) mit den *individuellen* Beweggründen und Bedürfnissen, die dem Reisen zugrunde liegen. Sie verfolgt die Struktur, den Inhalt und die Entwicklung der Reisemotive. Neben der Ermittlung der sozial erwünschten Reisemotive wird dabei auch der Versuch unternommen, die als unerwünscht geltenden Reisemotive zu ermitteln. Die Motive lassen sich unterschiedlich gliedern.[7]

Ein Beispiel für die Differenzierung von Reisemotiven ist die Unterscheidung von „Weg von" und „Hin zu" - Motiven. Die Interpretation des Reisens als Flucht aus dem Alltag ist eine typische „Weg von" - Sichtweise: Die Flucht-These ist ein Erklärungsansatz, der auf Enzensbergers „Theorie des Tourismus" (1958) zurückgeht. Danach sind es die gesellschaftlichen Zwänge und Alltagsroutinen, die viele Gesellschaftsmitglieder zu einem zeitlich begrenzten Ausbrechen veranlassen.

Demgegenüber akzentuiert die Interpretation des Reisens als Suche nach Lebensglück an einem anderen Ort eine aktive Bewegung „hin zu" etwas - hin zur Suche nach dem Glück als subjektives Wohlbefinden. Das Lebensglück wird oft fern vom Alltag gesucht, auf Reisen hin zu Orten, an denen das subjektive Erleben eines Glückgefühls erhofft wird. Das Glücksmotiv als ursächliche Erklärung des Reisens wird heute als ein wichtiger Theorieansatz angesehen. (Bachleitner 2005: 19) Walter Kiefl (1997) hebt den utopischen Charakter der Glück versprechenden Ferienwelten hervor und die damit verbundene Sehnsucht nach „Gegenwelten" (Paradiese, Utopien, Idyllen). Er kommt zu dem Schluss, dass es oberflächige und tiefere Beweggründe der Reiselust gibt und identifiziert die Suche nach Glück als den in der Tiefe der Reisemotive erkennbaren Motor der Tourismusbranche: „Das Glück, zumindest ein Zipfelchen davon, lässt sich fassen, wenn nicht hier, dann dort …". (Kiefl 1997: 221)

Neben den raumbezogenen Motiven, dem Wunsch hin zu einem anderen Ort zu reisen, liegen dem Reisen auch zeitbezogene Motive zugrunde, verbunden mit dem Wunsch nach Verlängerung und Strukturierung von Zeit. (Mundt 2006: 128ff, Miller 1993) Damit ist zum einen das subjektive Erleben eines veränderten Zeitempfindens während der Reise und während des Aufenthalts am Urlaubsort gemeint und zum anderen die Einteilung von Lebenszeit in profane Alltagszeit und „heilige" Kontrastzeit, die ursprünglich auf religiöse Feiertage und -zeiten bezogen war, heute jedoch auch auf die Reise- und Urlaubszeit verlagert wurde. Der englische Begriff für Urlaub (holidays) erinnert noch an die Zeitstrukturierung durch „heilige" (holy) Tage.

Ein weiteres Beispiel für die Differenzierung von Reisemotiven sind inhaltliche Motivkategorien. Da Motive Entsprechungen zu persönlichen Bedürfnissen aufweisen, ist vielfach der Versuch unternommen worden, die Motivkategorien mit Bedürfniskategorien zu verbinden. Die bekannteste Theorie der Bedürfnisforschung wurde von Abraham H. Maslow (1943) entwickelt. Die Maslow´sche Bedürfnispyramide dient bis heute als Kategorisierungsschema für Reisemotive. (Freyer 2007a: 199, Mundt 2006: 108ff, Mensendiek 2004: 229f, Dettmer 2001: 35f)

Maslow selber äußerte gegen Ende seiner wissenschaftlichen Laufbahn gegenüber seinem Zeitgenossen Clare W. Graves, dass die pyramidenförmige Kategoriendifferenzierung mit der Endstufe Selbstverwirklichung unzureichend sei und dass die von Graves vorgeschlagene entwicklungsoffene Systematik der „Levels of Existence"[8] der sozialen Wirklichkeit näher käme. (Beck, D. 2006)

In Tabelle 1 werden die inhaltlichen Hauptreisemotive auf der Grundlage der Weiterentwicklung der Grave'schen Systematik geordnet, und zwar in der Form, wie sie von Beck und Cowan (2007, zuerst 1996) im Modell „Spiral Dynamics" in einen umfassenden theoretischen Bezugsrahmen gestellt wurden. Dabei werden die „Levels of Existence" auch als „Werte-Meme" bezeichnet. Werte-Meme sind grundlegende Muster und Schemata für Werthaltungen, denen Reisemotive ebenso zugeordnet werden können wie die damit korrespondierenden individuellen Vorlieben für bestimmte Reiseformen. Individuelle Werte sind „für das gesamte Reisehandeln und die touristischen Aktivitäten handlungssteuernd ...". (Kiefl / Bachleitner 2005: 191). Die Werte-Meme im Modell „Spiral Dynamics" sind farbcodiert, als Sinnbild für verschiedenfarbige Brillengläser, mit denen soziale Phänomene unterschiedlich wahrgenommen werden. Die Werte-Meme entsprechen auch den Phasen der Identitätsentwicklung von spielerisch-instinktiv bis integral-global.[9]

Die ersten vier Werte-Meme in Tabelle 1 (von spielerisch-instinktiv bis absolutistisch-ordnungsliebend) korrespondieren mit Reisemotiven und Reiseformen, die auch in der geschichtstheoretischen Betrachtung des Reisens zu beobachten sind. (Leed 1993) Die entsprechenden Reiseformen sind auch heute noch in ihren modernen Ausprägungen beliebt, wie z.B. Reisen zu Festlichkeiten, Vergnügungsreisen, Genuss- und Gourmetreisen, Verwandtenbesuche, Clubreisen, Abenteuerreisen und Pilgerreisen. Für Abenteuerreisen kann in den nächsten Jahren sogar ein starkes Wachstum erwartet werden. (Rossmann 2006: 170, 188)

Die letzten vier Werte-Meme (von strategisch-materialistisch bis integral-global) korrespondieren mit modernen Reiseformen und mit den Trends der Freizeit- und Tourismuswirtschaft. Der Zukunftsforscher Matthias Horx (2005) beschreibt die Entwicklung von aufeinander folgenden Mega-Trends als evolutionären Prozess von „Fitness" zu „Wellness" zu „Selfness" zu „MINDness". Die Trends der Gegenwart

(Fitness und Wellness) und die bereits heute wirksamen Zukunftstrends Selfness und MINDness entsprechen weitgehend den Werte-Memen von strategisch-materialistisch bis integral-global (vgl. Tabelle 1).

Fitness bezieht sich nach Horx insbesondere auf physisch-körperliche Aktivität. Wellness umfasst Fitness + Wohlfühlen[10]. Auslöser des Wellness-Trends ist nach Horx das Bedürfnis nach Entspannung und Wohlbefinden in einem stressigen und leistungsorientierten Umfeld. Zum Wellness-Trend zählt auch der Boom der Gesundheitsreisen, der sich in den nächsten Jahren noch verstärken wird. (Rossmann 2006: 170, 176, 188, 228)

Neu ist der Selfness-Trend: Er umfasst Wellness + Kompetenz für die persönliche Entwicklung. Auslöser ist das Bedürfnis nach Selbstkompetenz, Ich-Integration und Selbst-Wirksamkeit. Selfness als Reisetrend ist gekennzeichnet durch Reiseformen und Reiseerlebnisse, die dazu beitragen, eine persönliche Bereicherung zu erfahren und die eine Steigerung der persönlichen Kompetenzen mit sich bringen. Dazu zählen nach Horx die Fähigkeit, sich gesund zu ernähren, Sport zu treiben, fit zu bleiben (körperliche Kompetenz), die Fähigkeit zur „Work-Life-Balance" und zum positiven emotionalen Umgang mit der sozialen Umwelt, mit Partnerschaft, Beruf, Familie (emotionale Lebens-Kompetenz), die Fähigkeit, selbständige Entscheidungen in komplexen Lebenssituationen oder Krisen zu treffen (biografische Wachstums-Kompetenz), die Fähigkeit, Lernen und bewussten Erfahrungsgewinn bis ins hohe Alter fortzusetzen (Reifungs-Kompetenz). Selfness-Reisen sind auch dadurch charakterisiert, dass sie unterschiedliche Reiseformen aller Werte-Meme mit dem Ziel der individuellen Bereicherung und Entwicklung kombinieren. Gefragt sind flexible Reiseorganisation und auf individuelle Bedürfnisse ausgerichtete Bausteinreisen. Die Kombination erfolgt häufig in Form von Rundreisen und Städtereisen mit integriertem Kulturtourismus.[11]

Für die Zukunft prognostiziert Horx den Bedeutungszuwachs des MINDness-Trends. Er umfasst Selfness + Spiritualität und Selbstverwirklichung. MINDness zielt auf Bewusstheit, Welterkenntnis, Ganzheits-Denken, Achtsamkeit und Weisheit. Reiseangebote, die dem MINDness-Trend entsprechen, sind z.B. ein Retreat in der

Natur, im Kloster, in einem spirituellen Zentrum oder andere Formen des spirituellen Tourismus.[12]

Auf der Grundlage der nach Graves (2005), Beck und Cowan (2007) vorgeschlagenen entwicklungsoffenen Systematik ist für die Zukunft die Entstehung weiterer Werte-Meme mit Entsprechungen zu neuen Reiseformen zu erwarten. Beispiele könnten möglicherweise sein: Ein spiritueller Weltraumtourismus, neue virtuelle Reiseformen und bewusstseinsinterne Reisen sowie die Kombination von Reisen in ganzheitlich-traditionellen, synthetischen und bewusstseinsinternen inneren Räumen. Nach Freyer (2007b) könnte die traditionelle physische Reise zukünftig durch die Reise in virtuellen Realitäten ergänzt, durchdrungen oder ersetzt werden. Zu erwarten sind hybride Formen von Reise-Cyberzentren: „vom heimatlichen Reise-Hobbyraum über Reise-Kinos bis hin zu ganzen Cyber-Parks." (Freyer 2007b: 529)

Werte-Meme	Reisemotive	Reiseformen
spielerisch-instinktiv	Lust, Essen, Trinken, Sex, Feste, Lebensfreude	Vergnügungsreisen, Genuss- u. Gourmetreisen Gastronomische Reisen
magisch-animistisch	Sicherheit, Geborgenheit, Geselligkeit, Nähe von Verwandten und Freunden	Clubreisen, Familienreisen, Verwandtenbesuche
egozentrisch - impulsiv	Kraft, Eroberung, Machtausübung	Abenteuerreisen
absolutistisch- ordnungsliebend	Wahrheit, Orientierung, Sinn, Tradition	Traditionelle Pilgerreisen
strategisch- materialistisch	Leistung, persönliche Leistungsfähigkeit, körperliche u. geistige Aktivität, **Fitness**	Aktivtourismus, Geschäftsreisen
sensibel- humanistisch	Harmonie, Entspannung, Wohlfühlen, Sonne und Strand, **Wellness**	Erholungs-, Gesundheits- und Naturreisen, Golfreisen
integral- selbstbezogen	Selbstentwicklung, persönliche Kompetenz, Selbststeuerung, **Selfness**	Individuelle flexible Reisen, Bausteinreisen, Städtereisen, Rundreisen
integral- global	Spiritualität, Selbstverwirklichung, **MINDness**	Spirituelle Reisen
weitere zukünftige Werte-Meme	offen	offen

Tabelle 1: Memetische Reisemotive und Reiseformen

Bei den in Tabelle 1 aufgeführten Reisemotiven und Reiseformen handelt es sich um Beispiele für typische Ausprägungen der jeweiligen Werte-Meme. Die Kategorisierung bezieht sich auf idealtypische Ausprägungen. Bei detaillierter Analyse einer konkreten Reiseform ist offensichtlich, dass jede Reiseform auch

Ausprägungen von anderen Werte-Memen haben kann. So ist zwar eine traditionelle Pilgerreise nach Santiago de Compostela religiös motiviert und dient der Orientierung und Sinnfindung oder auch der Begegnung mit Gott, doch die Motive der Wanderer auf dem populären Jakobusweg können sehr vielfältig und individuell unterschiedlich sein: Die Wanderung kann beispielsweise der Suche nach erotischen Abenteuern dienen oder der Suche nach Sicherheit und Geborgenheit in einer Pilgergruppe. Die Lust auf Abenteuer in der unbekannten Wildnis des kantabrischen Gebirges kann ebenso ein Motiv sein wie das Erleben der Grenzen für die körperliche Leistungsfähigkeit oder die Faszination für die Naturlandschaften Nordspaniens. Einige Pilger begeben sich auf den Jakobusweg auch aus Hoffnung auf Selbstentwicklung, Selbstfindung und Selbstverwirklichung.

Zudem ist aus Korrelationsanalysen verschiedener Reiseformen bekannt, dass eine Reise mit mehreren Motiven im Zusammenhang stehen kann. Deutsche Familien bevorzugen beispielsweise eine Kombination der Familienreise mit Erholungs- und Badeurlaub. (Luft 2007: 274f)

Zumeist liegt einer Reise also ein Motivbündel zugrunde, eine Mischung aus Motivkonstellationen unterschiedlicher Werte-Meme. Um dieser Vielfalt unterschiedlicher Motive auch symbolisch gerecht zu werden, ist in den farblich gekennzeichneten Werte-Memen in Tabelle 1 jeweils eine Spirale mit den Farben aller Werte-Meme aufgenommen worden.

3.5 Reisen und Identität

3.5.1 Identitätsbezogene Funktionen der Ferienkultur

Die Anthropologin und Soziologin Alma Gottlieb untersuchte Anfang der 80er Jahre des letzten Jahrhunderts die Ursachen des Reisens aufgrund der Befunde der Reisemotivationsforschung. Ihr Anliegen war es, eine ursächliche Erklärung des Reisens zu finden, die allen Reisemotiven letztlich zugrunde liegt. Sie begab sich auf die Suche nach einem grundlegenden Muster für das Reisen und identifizierte den Wunsch nach einem Identitätswechsel auf Zeit, der Reisende antreiben soll. (Gottlieb 1993) In der Tourismussoziologie ist der Zusammenhang zwischen Reisen und Identitätsentwicklung insbesondere von Christoph Hennig und Marion Thiem aufgegriffen worden.[13] Hennig beschreibt die Tiefenstruktur des Reisens aus soziologischer und anthropologischer Perspektive und identifiziert den „Wunsch nach Verwandlung", nach individuellem Identitätswandel, als eine zentrale Ursache für die Entstehung der Reiselust. (Hennig 1999, 2001) Thiem weist darüber hinaus nach, dass die Ursachen des Reisens nicht nur mit der individuellen Identitätsentwicklung im Zusammenhang stehen, sondern dass Reisen vitale Funktionen für die kulturelle Identitätsentwicklung erfüllt. Am Forschungsinstitut für Freizeit und Tourismus der Universität Bern entwickelte Marion Thiem auf der Grundlage des Drei-Kulturen-Modells von Jafari (1982) einen Erklärungsansatz des Tourismus, der die identitätsbezogenen Funktionen des Reisens in den Mittelpunkt stellt und vier Kulturen unterscheidet (Thiem 1993, 1994, 1998, 2001):

„Die **Kultur der Quellregion** umfasst das, was für alle Einwohner einer touristischen Entsenderegion typisch ist. ... Die **Ferienkultur** ist das, was für die Gesamtheit der direkt vom Tourismus Betroffenen aus einer industriegesellschaftlichen Entsenderegion typisch ist. ... Die **Dienstleistungskultur** ist das, was für die vom Tourismus Betroffenen in einer bestimmten Region (in ihrer Eigenschaft als Wirtschafts- und Erholungsraum) typisch ist. ... Die **Kultur der Zielregion** ist das, was für alle Bewohner einer touristischen Empfangsregion (in ihrer Eigenschaft als Lebens- und Wirtschaftsraum) typisch ist." (Thiem 1994: 40f, Hervorhebung durch den Verfasser)

Die Ferienkultur in modernen Gesellschaften erfüllt nach Thiem drei vitale identitätsstiftende Funktionen für die Kultur der Quellregion: die mythische Funktion, die rituelle Funktion und die utopische Funktion. Thiem schlägt vor, dass diese Funktionen „nicht - wie bisher üblich - negiert oder banalisiert werden, sondern wahr- und ernstgenommen werden." (Thiem 1994: 18) Touristische Gestaltungsmaßnahmen sollten auf die identitätsstiftenden Funktionen der Ferienkultur ausgerichtet sein. Dies gilt auch für die Gestaltbildung von Destinationen und die Entwicklung touristischer Angebote. Die Konsequenzen, die sich daraus für die Destinationsgestaltung touristischer Zielgebiete ergeben, werden in den folgenden Kapiteln (ab Kapitel 4) erörtert. Zunächst erfolgt nun eine kurze Zusammenfassung der von Thiem herausgearbeiteten identitätsstiftenden

Funktionen der Ferienkultur, die im mythischen, rituellen und utopischen Charakter der Ferienkultur zum Ausdruck kommen.

3.5.2 Der mythische Charakter der Ferienkultur

Thiem geht von einem Bedürfnis des Menschen nach dem Mythischen aus, nach einer, das rationale Denken ergänzende, mehrdeutigen Form der Logik. Säkularisierung und Individualisierung in modernen Gesellschaften lassen die mit dem Mythischen verbundenen sinnlichen und emotionalen Bedürfnisse weitgehend unbefriedigt. Logos und Wissenschaft geben keine befriedigenden Antworten auf Fragen nach der persönlichen und kulturellen Identität, nach dem Ursprung, nach Sinn und übergeordneten Lebenszielen. „Daraus folgt, dass eine Kultur, in der weder das Mythische noch die Religion eine Rolle spielen, andere „Angebote" zur Befriedigung dieser Bedürfnisse machen muss. ... Und eines dieser Angebote, vielleicht sogar das wichtigste, ist die Ferienkultur." (Thiem 1994: 174)

Reisen wird damit zu einer Suche nach einer Ergänzungswelt zur rational ausgerichteten Kultur der Quellregion und zu einer Suche nach einem Pluralismus von Erfahrungsformen, was nach Thiem eine Grundvoraussetzung für die Identitätsbildung ist.

Ausgehend von den Ergebnissen der Reisemotivationsforschung weist Thiem exemplarisch nach, dass sich hinter den wichtigsten Reisemotiven mythische Bilder, Sehnsüchte und Menschheitsträume verbergen. Körperbezogene Aktivitäten in Form von Sport- u. Aktivurlaub sind demnach Sinnbild von Jugendlichkeit und sind verbunden mit dem Traum von ewiger Jugend. Erholung und Ruhe als Reisemotive sind zugleich ein Jungbrunnen für den ganzen Menschen. Ewige Jugend, Jugendlichkeit und Jungbrunnen sind wesentliche Kennzeichen des Mythos vom „Goldenen Zeitalter". Das Reisemotiv „intakte Natur" korrespondiert mit der mythischen Sehnsucht nach Schönheit und Harmonie. Kontaktmotive und die Suche nach Geselligkeit sind Sinnbild für die Sehnsucht nach harmonischen Beziehungen zu anderen Menschen. Urlaubskomfort symbolisiert die mythisch-paradiesische Sehnsucht nach Fülle und Überfluss. (Thiem 1994: 181ff)

3.5.3 Der rituelle Charakter der Ferienkultur

Rituale sind für Thiem wiederkehrende Handlungen in ähnlichen Situationen mit vorstrukturiertem Ablauf, die eine wesentliche Bedeutung für die Identitätsbildung haben. Sie ermöglichen eine Reduzierung von Komplexität durch vorgegebene Handlungsabläufe, sie schaffen ein Gefühl der Zusammengehörigkeit und Gemeinschaft, womit sie ein Bindeglied zwischen Individuum und Gemeinschaft darstellen und sie strukturieren die Zeit, womit eine Orientierung in der Zeit ermöglicht wird. Rituale sind darüber hinaus häufig kreativ-spielerisch und eingebunden in einen Kult und in Feste.

Das Bedürfnis nach Ritualen, Kult und Festen ist nach Thiem so grundlegend, dass sie heute immer wieder aufs Neue in Erscheinung treten. „In der durch Säkularisierung und lineare Zeiterfahrung geprägten Industriegesellschaft hat die Ferienkultur also den Alltag transzendierende und die Zeit strukturierende Funktionen. Sie übernimmt damit die Rolle, die in früheren Zeiten die an Natur und Religion gebundenen Feste und Rituale spielten. Wie diese ist die Ferienkultur der Raum für - gemeinsame - Erinnerung, Hoffnung und Phantasie und stärkt so das Gemeinschaftsgefühl und damit die Sicherheit." (Thiem 1994: 194, Hervorhebungen weggelassen)

Die Aktivitäten am Urlaubsort werden von Thiem als touristische Rituale und kultische Annäherung an Mythen und mythische Symbole interpretiert. Der Sonnenkult steht in direktem Zusammenhang mit der mythischen Bedeutung der Sonne. In dem Ausdruck „Sonnenanbeter" kommt die Verehrung einer „höheren Macht" zum Ausdruck. Bei Aktivitäten wie das Sonnenbad, Strandurlaub, Schwimmen, Wanderungen, Feste im Freien wird die Präsenz der Sonne erwartet und ersehnt. Auch der Körperkult wird gerade in den Ferien exzessiv betrieben. Körperbezogene Aktivitäten und Motive sind nach Thiem dann auch ein weiterer Beleg für den rituellen Charakter der Ferienkultur. Ebenso die Aktivitäten im Zusammenhang mit dem Luxuskult, der in den Ferien oft wie ein Ritual zelebriert wird. „Geschäfte ansehen", „Einkaufsbummel machen", „Gaststätten aufsuchen", „etwas Trinken gehen" gehören zu den häufigen Nennungen der Urlaubsaktivitäten. Die Verehrung materieller Dinge und den exzessiven Konsum während der Ferien erklärt Thiem mit einem bis zum Kult gesteigerten Verwöhnungs- und Luxusbedürfnis. (Thiem 1994: 195ff)

„Sonnenkult, Körperkult und Luxuskult sind drei prägende Bestandteile der Ferienkultur. Die ihnen zugehörigen Tätigkeiten sind seit Jahren die hauptsächlichen Aktivitäten der Ferienreisenden. Der kultische Aspekt dieser Tätigkeiten zeigt den damit verbundenen alltagsüberhöhenden Sinn, die regelmässige Wiederkehr zeigt ihre festgelegte Zuordnung zur Ferienkultur. Durch Regelmässigkeit und Überhöhung des Alltags sind sie Sinnbilder des rituellen Charakters der Ferienkultur." (Thiem 1994: 199)

3.5.4 Der utopische Charakter der Ferienkultur

Für Thiem ist Reisen auch die aktive Suche nach einem Wunschbild, einem besseren Leben an einem anderen Ort. Anhand von touristischen Hauptmotiven zeigt Thiem, wie in der Ferienkultur alternative Lebensmodelle entworfen werden: Die Utopie der Ferienkultur ist gekennzeichnet durch die Suche nach Gemeinschaft, Ruhe, Leben in natürlicher Umwelt, Abwechslung und Sinnlichkeit. Demgegenüber gehören zu den wahrgenommenen Kennzeichen der Kultur der Quellregion Vereinzelung, Hektik, Leben in künstlicher Umwelt und Eintönigkeit. (Thiem 1994: 207)

Die Utopie der harmonischen Gemeinschaft wird auf die Einheimischen übertragen und in der Gemeinschaft mit Reisebekanntschaften erfahren. Auch der Wunsch zur Ruhe zu kommen und sich auf das Wesentliche zu besinnen oder die Utopie eines naturverbundenen Lebens werden auf den idealisierten Lebensstil der Einheimischen projiziert, an dem man in den Ferien partiell teilhaben kann. „Die touristischen Grundmotive offenbaren sehr konkrete Vorstellungen über einen alternativen Lebensentwurf. Dieser existiert zwar hauptsächlich in der Phantasie und nicht in der Realität, belegt aber gerade auch dadurch den utopischen Charakter der Ferienkultur." (Thiem 1994: 210)

3.6 Zwischenbilanz

Die Ursachen des Reisens sind vielfältig. Dies hat die exemplarische Vorstellung von Befunden soziologischer Theorien, soziologischer Gegenwartsdiagnosen und der Reisemotivationsforschung gezeigt. Die Vielfalt der Ursachen des Reisens bezieht sich jedoch oft lediglich auf die Oberfläche des Phänomens Reisen, z.B. auf die Ergebnisse der Reisemotivationsforschung, die empirisch relativ leicht erhoben werden können. „So sind denn auch die „Reisemotive", die der Tourismusforscher durch Befragung meint ermitteln zu können, nur Oberflächenphänomene ..." (Vester 1999: 35) Es sind subjektiv gedeutete Rationalisierungen, eingebettet in Rahmungen und in codierte Rituale, die auch unabhängig von einzelnen Akteuren in Erscheinung treten.

Erforscht man über diese Oberflächenphänomene hinaus auch die tiefer liegenden Ursachen des Reisens, dann kommt man zu folgendem Ergebnis: Zum einen ist es der Wunsch nach einem Identitätswechsel auf Zeit, der dem Reisen zugrunde liegt. Damit eng verbunden ist der Wunsch nach einem Raum und Zeit transzendierenden Erleben. Marion Thiem hat auf die identitätsbezogenen Ursachen des Reisens hingewiesen, die als grundlegende ursächliche Erklärungen des Reisens hilfreich sein können: auf den mythischen, rituellen und utopischen Charakter der Ferienkultur.

Der Erklärungsansatz von Thiem interpretiert Reisen als symbolische Annäherung an Menschheitssehnsüchte und Menschheitsträume. Demnach ist der Wunsch nach einem Identitätswechsel ursächlich verbunden mit utopischen Sehnsüchten. Sie finden sich in den Vorstellungen vom „Goldenen Zeitalter" und vom verlorenen Paradies ebenso wie in den Vorstellungen von himmlischen Orten. Die Attribute dieser imaginären Orte der Glücks- und Sinnverwirklichung sind auf Ewiges und Unerschöpfliches gerichtet, z.B. ewige Harmonie und Frieden, ewige Jugend und ewiges Leben, ewige Sicherheit, Fülle und Überfluss.

In Tabelle 2 erfolgt nun eine Differenzierung von Menschheitssehnsüchten und Menschheitsträumen nach Werte-Memen:

Werte-Meme	Reisemotive	Menschheitsträume und Menschheitssehnsüchte
spielerisch-instinktiv	Lust, Essen, Trinken, Sex, Feste, Lebensfreude	vom mühelosen Dasein, von Fülle und Überfluss
magisch-animistisch	Sicherheit, Geborgenheit, Geselligkeit, Nähe von Verwandten und Freunden	von umsorgt sein und ewiger Sicherheit
egozentrisch - impulsiv	Kraft, Eroberung, Machtausübung	von immerwährender Kraft
absolutistisch-ordnungsliebend	Wahrheit, Orientierung, Sinn, Tradition	von der letzten Wahrheit
strategisch-materialistisch	Leistung, persönliche Leistungsfähigkeit, körperliche u. geistige Aktivität, Fitness	von ewiger Jugend
sensibel-humanistisch	Harmonie, Entspannung, Wohlfühlen, Sonne und Strand, Wellness	von ewiger Harmonie und Frieden
integral-selbstbezogen	Selbstentwicklung, persönliche Kompetenz, Selbststeuerung, Selfness	vom Einklang mit dem Fluss des Lebens
integral-global	Spiritualität, Selbstverwirklichung, MINDness	vom spirituellen Verbundensein mit Allem
weitere zukünftige Werte-Meme	offen	offen

Tabelle 2: Memetische Reisemotive und Menschheitsträume

Jedem Werte-Mem entsprechen idealtypische Reiseformen und Reisemotive mit ihren jeweiligen Bedürfnislagen (Tabelle 1). Und jedem Werte-Mem lassen sich darüber hinaus auch entsprechende Menschheitsträume und -sehnsüchte zuordnen (Tabelle 2). Die Konsequenzen, die sich daraus für die Destinationsgestaltung touristischer Zielgebiete ergeben und auch die Vorteile, die sich aus einer memetischen Betrachtung der Menschheitssehnsüchte und -träume ergeben, werden in den folgenden Kapiteln erörtert.

In Tabelle 3 sind die bisher vorgestellten Erklärungsansätze des sozialen Phänomens touristischer Reisen zusammengefasst. Daraus wird die Vielfalt der Erklärungsansätze deutlich, die aus ihrer jeweiligen Perspektive wichtige Hinweise für das Verstehen und Erklären des sozialen Phänomens Reisen zu Verfügung stellen.[14]

Individuum - Innen **Touristisches Erleben und Reisemotive**	Individuum - Außen **Touristisches Verhalten und Handeln**

• Reisen als subjektiv wertvolles Erlebnis
• Reisen zur Ich-Orientierung und Ich-Jagd des Patchwork-Dividuums
• Reisen als Aufladung mit emotionaler Energie
• Reisen als Flucht aus dem Alltag
• Reisen als Suche nach Glück
• Reisen als Identitätswechsel auf Zeit
• Reisen als Verlängerung und Strukturierung des Zeiterleben
• Reisen als memetisch differenziertes Motivbündel
	• Reisen als eine Mischung von
	  - zweckrationalem,
	  - wertrationalem,
	  - traditionalem und
	  - affektuell-emotionalem Handeln
	• Reisen als Homo touristicus
	• Reisen als Selbstdarstellung und Selbstinszenierung
	• Reisen als Simulation und Ausleben von Teilidentitäten

Gesellschaft der Reisenden - Innen **Die tieferen** **Ursachen der Reiselust**	**Gesellschaft der Reisenden - Außen** **Reisen als Konsequenz der** **Gegenwartsgesellschaft**

• Reisen als symbolische Annäherung an Menschheits-Sehnsüchte und Menschheits-Träume, z.B.:
  - vom mühelosen Dasein
  - von umsorgt sein und Sicherheit
  - von immerwährender Kraft
  - von der letzten Wahrheit
  - von ewiger Jugend
  - von ewiger Harmonie und Frieden
  - vom Einklang mit dem Leben
  - vom Verbundensein mit Allem
	• Reisen als Konsequenz der Erlebnisgesellschaft
	• Reisen als Konsequenz der Multioptionsgesellschaft
	• Reisen als Konsequenz der postmodernen Gesellschaft
	• Reisen als Konsequenz von gesellschaftlichen Individualisierungsprozessen
	• Reisen als Konsequenz der verbesserten touristischen Rahmenbedingungen

Tabelle 3: Erklärungsansätze des sozialen Phänomens Reisen

4. Destinationsgestaltung

4.1 Integrale Destinationsgestaltung

Touristische Reiseziele werden als Destinationen bezeichnet. Dies kann ein Hotel, ein Freizeitpark, eine Stadt, eine Region, eine Landschaft, eine Provinz oder ein Land sein. Aus Sicht eines US-amerikanischen Touristen kann sogar ein ganzer Kontinent, z.B. Europa, als Destination wahrgenommen werden. Auch der erdnahe Weltraum ist inzwischen zu einer Destination im Rahmen des entstehenden Weltraumtourismus geworden. Kennzeichnend für eine touristische Destination ist, dass es sich um ein Reiseziel aus der Perspektive von Reisenden handelt.

Destinationen sind also einerseits räumlich auf einen Ort oder auf ein Gebiet bezogen, gleichzeitig stellt eine Destination immer auch eine soziale und individuelle Konstruktion dar.[15] Durch spezifische Wahrnehmungsschemata und Bewertungen nimmt ein Raum, ein Ort oder eine Region aus der Perspektive eines Reiseinteressierten die Gestalt eines touristischen Zielgebietes an. Die Gestaltbildung einer Destination resultiert dabei aus einer Wechselbeziehung zwischen der sozialen und bewusstseinsinternen Konstruktion der Destination und der Außendarstellung der Destination im Rahmen der Destinationsgestaltung durch die touristischen Akteure.

Destinationsgestaltung bezieht sich darauf, einem touristischen Reiseziel eine Gestalt zu geben und diese mit Leben zu füllen. Durch die Gestaltbildung wird die Destination für Reiseinteressierte wahrnehmbar und bewusstseinsintern konstruierbar. Träger der Destinationsgestaltung sind auf der Makro-Ebene die öffentlichen touristischen Einrichtungen und die privatwirtschaftlichen Vereinigungen touristischer Betriebe auf lokaler, regionaler, nationaler oder multinationaler Ebene. Träger auf der Mikro-Ebene sind die touristischen Unternehmen der Destination, beispielsweise Transport- und Beherbergungsbetriebe, Reiseveranstalter und Reisemittler.

„Integrale Destinationsgestaltung" wird hier als Bezeichnung für ein interdisziplinäres Konzept für die Gestaltung von Destinationen vorgeschlagen. Es handelt sich dabei um einen kreativen Prozess, bei dem touristische Akteure das Erscheinungsbild eines Reiseziels formen. Neben der Gestaltung des sinnlich wahrnehmbaren „Äußeren" der Destination (z. B. touristische Angebote, Produkte und Dienstleistungen, touristische Strukturen und Prozesse) umfasst eine integrale Destinationsgestaltung auch das „Innere" der Destination (z.B. Dienstleistungskultur, touristisches Leitbild, Identitäts- und Symbolbildung). Um den Prozess der Gestaltung von Destinationen mit Leben zu erfüllen, sind engagierte individuelle Akteure der touristischen Betriebe und Organisationen auf der Mikro- u. Makroebene mit ihren Kompetenzen, Fähigkeiten, Qualifikationen sowie mit ihren Einstellungen, Motivationen und Ideen entscheidend. Sie prägen die Dienstleistungskultur und müssen fähig sein, die Bedürfnisse, Wünsche und Sehnsüchte von Kunden wahr- und ernst zu nehmen.[16] Daraus ergeben sich vier grundlegende Perspektiven einer integralen Destinationsgestaltung, die in Tabelle 4 dargestellt sind:

Individuum Innen	Individuum Außen
• Motivation • Einstellung • Ideen	• Kompetenzen • Fähigkeiten • Qualifikationen
Destination Innen	**Destination Außen**
• Dienstleistungskultur • Destinations-Identität • Touristisches Leitbild	• Touristische Angebote u. Produkte • Touristische Strukturen u. Prozesse • Akteure der Mikro- u. Makro-Ebene

Tabelle 4: Vier Perspektiven einer integralen Destinationsgestaltung

Neben diesen vier Perspektiven für die Gestaltung von Destinationen sind die destinationstypischen Entwicklungsstufen, Zyklen und Typen weitere konstituierende Komponenten einer integralen Destinationsgestaltung:

Die zunehmende weltweite Konkurrenz touristischer Zielgebiete bringt es mit sich, dass die nachfrageorientierte Gestaltbildung von Destinationen heute für viele touristische Zielgebiete eine zentrale Bedeutung erlangt hat. Dieser Bedeutungszuwachs ist ein neues soziales Phänomen. In den meisten westlichen Gesellschaften hat sich die nachfrageorientierte Außendarstellung touristischer Destinationen in Entwicklungsstufen[17] entfaltet, die Freyer (2007a: 49ff) für die bundesdeutsche Tourismus-Entwicklung nachgezeichnet hat: Bis ca. 1980 konstatiert Freyer ein fehlendes Tourismus-Marketing. In den 1980er Jahren begann ein instrumentelles Tourismus-Marketing (Erstellung von Werbeprospekten, Messeteilnahme, Angebotspakete). Erst in den 1990er Jahren entstand ein mehr konzeptionell und professionell ausgerichtetes touristisches Marketing. Seit Beginn des neuen Jahrtausends ist ein Wandel hin zu einem global[18] orientierten Netzwerkmarketing zu beobachten. Neue Organisationsformen und Kooperationen, neue virtuelle und interaktive Marketingformen und neue Formen der Kundensegmentierung bekommen dabei einen besonderen Stellenwert.[19]

Auch die touristischen Produkte und die verschiedenen Reiseformen unterliegen einem dynamischen Wandel. Sie weisen einen „Lebenszyklus" auf, einen typischen Verlauf von der Einführungs- zur Wachstums-, Reife-, und Sättigungsphase. So befinden sich beispielsweise die touristischen Produkte mit Bezug zu den Themen Selfness und MINDness zumeist noch in der Einführungsphase und verfügen noch über ein großes Wachstumspotential.[20]

Destinationen unterscheiden sich je nach Betrachtungsweise und bilden unterschiedliche Destinationstypen. Destinationstypologien können z.B. nach geographischen Aspekten gebildet werden (Klimazonen, Landschaftsformen, Besiedlungsstruktur), nach Größe (Kontinente, Staaten, Regionen, Orte), nach der Art des touristischen Angebots (natürliches Angebot, sozio-kulturelles Angebot, touristische Infrastruktur), nach der Trägerschaft (Vereine, Verbände, Körperschaften des öffentlichen Rechts, GmbH, Privatbetriebe). (Freyer 2007a: 23)

Destinationsgestaltung ist ein komplexer sozialer Prozess. Die Gestaltbildung erfolgt in einem komplexen Beziehungsgefüge korporativer, kollektiver und individueller Akteure ohne klar ersichtliche Führung und ohne klar identifizierbares Destinationssubjekt. (vgl. Scarnato 2003: 135f) Aus Sicht von Touristen ist die Reise eine einheitliche Erfahrung. Aus Anbietersicht handelt es sich um ein touristisches Gesamtprodukt (Leistungsbündel), das aus der Aufeinanderfolge von einzelnen touristischen Dienstleistungen entsteht (Leistungsketten).[21]

Aus ökonomischer Perspektive kann eine Destination als ein virtuelles Unternehmen aufgefasst werden, für das die Instrumente des ganzheitlichen Destinations-

Managements und des ganzheitlichen Destinations-Marketings anwendbar sind. (Scarnato 2003, Bieger 2005, Freyer 2007a, Luft 2007). Dazu zählt zum einen die Anwendung der integralen Destinationsgestaltung auf allen Managementebenen: der normativen, der strategischen und der operationalen Ebene. Zum anderen ist eine integrale Destinationsgestaltung als Prozess von der Analysephase über die Strategie- Gestaltungs-, Realisierungs- bis hin zur Kontrollphase zu konzipieren. Es ist ein spiralförmiger Prozess, der auf eine höhere Entwicklungsstufe der Destinationsgestaltung führt. Er bezieht die den Reisemotiven zugrunde liegenden Sehnsüchte systematisch ein. Der Tiefenebene der Destination und ihrer touristischen Angebote und Produkte kommt dabei eine zentrale Bedeutung zu.

4.2 Die Tiefenebene touristischer Angebote und Produkte

Die Gestaltung einer Destination als attraktives touristisches Zielgebiet setzt heute, aufgrund des zunehmenden Wettbewerbs zwischen touristischen Reisezielen, eine umfassende Kundenorientierung voraus. Hierin kommt der Wandel von der Standortorientierung zur Destinationsorientierung zum Ausdruck. Die Orientierung an der Destination ist dadurch gekennzeichnet, dass sich die touristischen Akteure zunehmend in die Kunden hineinversetzen können. Dies beinhaltet auch, dass bei den touristischen Akteuren der Zielregion ein Wissen über die identitätsstiftenden Funktionen des Reisens und den damit verbundenen mythischen, rituellen, und utopischen Charakter der Ferienkultur vorhanden sein muss. Dies ist eine entscheidende Voraussetzung, um die Erwartungen, Bedürfnisse, Wünsche und Sehnsüchte von Touristen zu verstehen und bei der Destinationsgestaltung in geeigneter Weise berücksichtigen zu können. Die Vielfalt der Reisemotivationen der unterschiedlichen touristischen Kundengruppen verlangt darüber hinaus eine differenzierte Betrachtungsweise, wie dies die memetischen Kategorien ermöglichen. (vgl. Tabelle 1 und 2)

Touristische Angebote und Produkte basieren vor allem auf den natürlichen und sozio-kulturellen Angeboten einer Destination. Das natürliche Angebot umfasst die naturbezogenen Faktoren, die durch ihre Anziehungskraft der Destination Gestalt und Einzigartigkeit verleihen. Dazu gehören z.B. die Landschaft, Naturräume, Flora, Fauna und Klima. Für Touristen werden die natürlichen Angebote durch ihre

Abgrenzung, Benennung und Hervorhebung als Attraktion wahrnehmbar. Die Abgrenzung geschieht z.B. durch die Ausweisung von Schutzgebieten (Biosphärenreservate, Natur- und Landschaftsschutzgebiete, geschützte Landschaftsbestandteile). Hinzu kommt die Benennung mit einem Namen, z. B. „Biosphärenreservat Picos de Europa".

Das sozio-kulturelle Angebot umfasst z.B. Kultur, Architektur, Traditionen, Folklore, Sprache, Mentalität und Gastfreundschaft, die durch ihre Anziehungskraft der Destination Gestalt und Einzigartigkeit verleihen. Zu einem identifizierbaren touristischen Angebot werden sozio-kulturelle Faktoren dann, wenn auch sie abgegrenzt, benannt und hervorgehoben werden. Dies geschieht z.B. durch die Ausweisung als UNESCO-Weltkulturerbe und durch die Benennung z.B. als „Weltkulturerbe Jakobsweg".

Das natürliche und sozio-kulturelle Angebot einer regionalen Destination ist ein Potential für ihre Attraktivität. Die Hervorhebung als Attraktion ist eine Aufgabe der Destinationsgestaltung und insbesondere des Destinations-Marketing. Die komplexe Gesamtheit einer touristischen Destination und der touristischen Produkte wird dabei auf Symbole verdichtet. Symbol für den Jakobsweg ist beispielsweise die Jakobsmuschel. Symbol für das Gesamtprodukt der Destination ist z.B. eine Text- / Bildmarke mit einem Logo, das den Charakter und die Attraktivität der Destination symbolisch zum Ausdruck bringt.

Das natürliche und sozio-kulturelle Angebot ist zugleich der „touristische Rohstoff", aus dem touristische Produkte und Dienstleistungen geformt werden. Touristische Produkte sind Leistungsbündel (z. B. eine Rundreise). Sie setzten sich aus einzelnen Dienstleistungen zusammen (z.B. Transport, Hotelübernachtung, Reiseleitung). Die Abgrenzung zwischen Produkten und Dienstleistungen ist nicht immer eindeutig, denn auch eine Dienstleistung (z.B. eine Hotelübernachtung mit Vollpension) kann sich aus Einzeldienstleistungen zusammensetzen (Übernachtung in einem Hotelbetrieb plus Verpflegung im angeschlossenen gastronomischen Betrieb). Touristische Produkte einer Destination können definiert werden als eigenständige, marktfähige touristische Leistungen, die von den Akteuren der Destinationsgestaltung bereitgestellt werden. Es handelt sich um nutzenstiftende, nachfrageorientierte Leistungen für Touristen, die eine optimale Erfüllung der Kundenbedürfnisse und Kundenwünsche ermöglichen.

Touristische Angebote, Produkte und Dienstleistungen müssen angesichts zunehmenden Wettbewerbsdrucks einen nachfrageorientierten Mehrwert und eine Einzigartigkeit aufweisen. Hinsichtlich der touristischen Kernleistungen (z.B. Beherbergungs-, Verpflegungs-, Transport- und Vermittlungsleistungen) ist heute kaum noch Einzigartigkeit herzustellen. Es bedarf ergänzender, differenzierender Zusatzleistungen, um einen Wettbewerbsvorteil zu erzielen. Freyer hebt die Notwendigkeit einer Vertiefung der Leistungsebenen hervor und unterscheidet dabei als erste Tiefenebene eine Wahrnehmungs- und als zweite Tiefenebene eine Vorstellungsebene. (Freyer 2007a: 91, 446ff)

Die Wahrnehmungsebene bezieht sich auf die Qualität der Leistungserstellung: „Dies kann im einzelnen durch eine bestimmte Farbgebung (Sehen), durch freundlichen Umgangston (Hören), besondere Ausstattung (Wohl-Fühlen), besondere Düfte (Riechen) oder durch verschiedene Gaumenfreuden (Schmecken) erreicht werden." (Freyer 2007a: 449) Doch diese Serviceleistungen sind inzwischen, je nach gewünschtem Standard (z.B. Anzahl der Sterne eines Hotels), auch schon Teil der von den Kunden erwarteten Kernleistung geworden. Sie stellen heute vielfach keine differenzierenden Zusatzleistungen mehr dar.

Damit gewinnt die zweite Tiefenebene, die Vorstellungsebene, eine entscheidende Bedeutung für die Wettbewerbsfähigkeit touristischer Anbieter. Dabei handelt es sich zum einen um die Erfüllung der Wünsche der Reisenden, die in den Reisemotiven zum Ausdruck kommen. Touristen sind aus dieser Sicht nicht (nur) an der touristischen Kernleistung interessiert, sondern z.B. an Sex, Feiern, Geselligkeit, Abenteuer, Orientierung, Fitness, Wellness, Harmonie, Entspannung oder Selbstverwirklichung. Zum anderen geht es um die Erfüllung der affektiv-emotionalen und subjektiven Imaginationen und Sehnsüchte der Touristen nach Traumwelten, Lebensglück, mühelosem Dasein, Überfluss und Jugendlichkeit beispielsweise. (vgl. Tabelle 2)

Diese imaginären Zusatzeigenschaften touristischer Angebote, Produkte und Dienstleistungen sind ein wichtiger Schlüssel für Differenzierung, Wettbewerbsfähigkeit und Attraktivität. Bei der Destinationsgestaltung besteht bisher noch kaum eine Bewusstheit für die Tiefenebenen der touristischen Leistungserstellung: „Dieser Bereich und die damit verbundenen möglichen Maßnahmen der touristischen Leistungspolitik sind bisher nur wenig entwickelt worden." (Freyer 2007a: 452)

Die Ausrichtung touristischer Angebote und Produkte auf „die neuen Sehnsuchtsmärkte" ist das Thema der Studie Tourismus 2020 des Zukunftsinstituts von Matthias Horx. (Wenzel / Kirig 2006) Dort wird auf die Bedeutung der Menschheitssehnsüchte für die Gestaltung touristischer Produkte hingewiesen und auf die Notwendigkeit, eine Bewusstheit für die den Reisemotiven zugrunde liegenden Sehnsüchte zu entwickeln.

Die Sprache der Tiefenebene touristischer Angebote und Produkte ist eine symbolische Sprache, bei der den Mythen und mythischen Symbolen, den mythologischen Grundmustern, Ritualen und Prozessen der Symbolbildung eine zentrale Bedeutung zukommt.

4.3 Der mythische, rituelle und utopische Charakter einer Destination

4.3.1 Mythen und mythische Symbole

Es lassen sich insbesondere drei Forschungsansätze der wissenschaftlichen Untersuchung von Mythen und mythischen Symbolen unterscheiden: Der religionssoziologische Ansatz (Eliade), der analytische Ansatz (Archetypenlehre C.G. Jungs und die analytisch-strukturellen Ansätze von Lévi-Strauss und Barthes) und der Ansatz der Mythenforschung nach Campbell. (Röll 1998: 91ff)

Für die Zielsetzung dieser Arbeit sind die Befunde der Mythenforschung nach Campbell besonders bedeutsam, da er die kulturübergreifenden gemeinsamen Muster der Mythologien herausgearbeitet und auf die praktische Relevanz für die Mediengestaltung in modernen Gesellschaften bezogen hat. Campbell erkennt dadurch mythologische Grundmuster in populären Medien (Film, Musik, Werbung) und in Alltagsriten. Auch für das soziale Phänomen Reisen stellt er Bezüge zu mythischen Mustern her.

Mythen und mythische Symbole sind in modernen Gesellschaften allgegenwärtig. In populären Medien gehört die Einbeziehung von mythischen Sinnbildern zum Grundwerkzeug für erfolgreiche Produktionen. Der Produzent, Drehbuchautor und Regisseur George Lucas gehört zu den bekannten Anwendern mythischer Symbolik in Filmproduktionen (z.B. die Star-Wars-Filmreihe und die Indiana-Jones-Trilogie). Lucas erlernte sein mythologisches Wissen bei Joseph Campbell. (Campbell 2007: 8, 169ff) Campbell lehrte am Sarah Lawrence College (USA) vergleichende Mythologie. Ganz allgemein bezeichnet Mythologie die systematische Beschäftigung mit Mythen und mythischen Symbolen. Campbells Definition: „Eine Mythologie ist ein Corpus symbolischer Bilder und Erzählungen, die als Metaphern für die Möglichkeiten menschlicher Erfahrung und der Verwirklichung einer bestimmten Kultur zu einer bestimmten Zeit stehen." (Campbell 2002: 25)

Ein Mythos ist eine wiederkehrende Erzählung mit hohem Symbolgehalt. Mythen treten in unterschiedlicher metaphorischer Gestalt auf. Der Begriff Metapher (aus dem Griechischen, metà phérein - anderswohin tragen) weist auf ein Hinübertragen über Grenzen des Verstehens. In der Tiefe der Mythen scheint nach Campbell etwas durch, das auf grundlegende Menschheitsträume und Menschheitssehnsüchte weist - auf utopische Sehnsüchte. Eine utopische Sehnsucht ist die Beschreibung eines Zustandes, mit dem essentielle Wunschvorstellungen verwirklicht sind. Utopische Sehnsüchte transzendieren Raum und Zeit. Beispielsweise die Vorstellung vom Paradies mit dem Attribut ewiger Jugend: Dies ist eine utopische Sehnsucht (utopía „der Nicht-Ort"), die keinen realen Ort in Raum und Zeit hat. Jugendlichkeit ist an einen zeitlichen Alterungsprozess gebunden, ewige Jugend ist in der Zeitlichkeit nicht zu finden.

Aus der Verbindung mit utopischen Sehnsüchten entsteht die eigentliche Kraft der Mythen und der mythischen Symbole. Die utopischen Menschheitssehnsüchte sind es, wie wir gesehen haben, die auch den Reisemotiven letztlich zugrunde liegen. Damit tragen Mythen und mythische Symbole dazu bei, eine Verbindung zu den

Ursachen der Reiselust herzustellen. Utopische Sehnsüchte lassen sich in metaphorischen Sinnbildern darstellen. Metaphern vermitteln „das Ewige" in Konnotationen, also in den vielen mit anklingenden Nebenbedeutungen, die unbewusste und emotionale Komponenten enthalten. „Ein mythologisches Bild weckt und lenkt psychische Energie. Es ist ein Energie wachrufendes und Energie lenkendes Zeichen. Eine Mythologie ist ein System von Affektbildern oder emotionalen Bildern. Die Darstellungen selbst erzeugen die Emotion, den Affekt." (Campbell 2002: 144)

Durch Teilhabe am Mythos mittels Ritual wird die Energie der Mythen gestärkt: „Ein Ritual gibt uns Gelegenheit, an der Inszenierung eines Mythos teilzuhaben." (Campbell 2002: 154) Ein touristisches Ritual ist eine nach vorgegebenen Regeln ablaufende Handlung mit hohem Symbolgehalt. Beispiele sind der rituelle Ablauf von Handlungen während einer Reise oder während Festlichkeiten, Events, Wanderungen, einem Strandbesuch, einer Wallfahrt, dem Besuch einer Kulturstätte oder Trink- und Essrituale. Als möglicher Indikator zur Identifizierung ritueller Strukturen in touristischen Handlungen dient nach Campbell z.B. die Dreierstruktur aus Loslösung - Identitätswandel - Integration.[22]

Für Campbell sind Mythen durch ihre Vieldeutigkeit geprägt. Es gibt kein endgültiges System der Mytheninterpretation: „Der moderne Intellekt hat die Mythen interpretiert als einen primitiv-täppischen Versuch der Naturerklärung (Frazer); als Produkt der poetischen Phantasie prähistorischer Zeitalter, verzerrt von den folgenden (Müller); als Arsenal allegorischer Unterweisungen, die das Individuum der Gruppe gefügig machen sollen (Durkheim); als Gruppentraum, in dem die Tiefenschichten der Menschenseele ihre archetypischen Impulse ausdrückt (Jung); als das überlieferte Medium metaphysischer Einsicht (Coomaraswamy) und schließlich als Offenbarung Gottes an seine Kinder (die Kirche). In Wahrheit sind die Mythen das alles, nur zeigen sie jedem Interpreten, je nach dessen Standort, ein anderes Gesicht." (Campbell 1999: 366)

Es gibt also keinen Deutungskatalog für Mythen und mythische Symbole, wonach die Wahrnehmung der Symbole in gleichförmiger Weise zu determinierten Wirkungen beim Wahrnehmenden führt. Die Wirkung von Mythen und mythischen Symbolen hängt von individuellen Dispositionen ab. Letztlich geht es um eine jeweils individuelle Erfahrung, zu der ein Individuum durch das Symbol gelangen kann.

Metaphorische Symbole gehen von realen Phänomenen der Welt aus und können diese Phänomene in individuell unterschiedlicher Weise mit dem strahlenden Glanz des Ewigen verbinden. Für die Destinationsgestaltung ist dies von besonderer Relevanz: Mit Hilfe von metaphorischen mythischen Symbolen kann die Verbindung zwischen realen Phänomenen der Destination und der Tiefenebene der Destination hergestellt werden. Die Anreicherung von Werbebotschaften mit mythischen Elementen reicht dazu alleine allerdings nicht aus. Es bedarf der glaubhaften Verbindung mit realen Gegebenheiten. „So ist eine inszenierte, natürliche Attraktion immer Teil einer geografischen, regionalen und bevölkerungsspezifischen, kulturellen Einheit und muss zu ihr passen und von ihr getragen werden." (Caflisch u.a. 2006: 244) Mythen und mythische Symbole können eine Aufmerksamkeit auf sich ziehen, „wenn sie frisch aus dem jeweils aktuellen Erfahrungszusammenhang hervorgehen." (Campbell 2002: 32)

4.3.2 Operationalisierung von Mythos, Ritual und Utopie

Prof. Franz Josef Röll[23] hat in seiner Forschungsarbeit zu „Mythen und Symbole in populären Medien" (Röll 1998) die Funktion und Bedeutung des symbolischen Denkens und den Zusammenhang mit Prozessen der Identitätsentwicklung transparent gemacht. Er wendet diese Erkenntnisse beispielsweise auf touristische Multivisions-Produktionen[24] zur Präsentation von Reisedestinationen an. In Anlehnung an Röll (1998: 413f) und in Ergänzung seiner Kategorien können die folgenden Indikatorengruppen mythischer Symbole unterschieden werden:

- Matrilinear-naturbezogene Symbole: Bilder der kosmischen Schöpfung (z.B. Licht, Planet, Stern, Kosmos) und der Natur (z.B. Stein, Pflanze, Tier, Berg, Feuer, Wasser, Erde., Luft) sowie des Kreislaufs des Lebens (Geburt, Lebensübergänge, Tod), auch weibliche Personen;

- Patriarchalisch-gegenständliche Symbole: Helden- und Erlösergestalten, Kampf der Polaritäten (z.B. Kampf zwischen Gut und Böse), von Menschen hergestellte materiell-gegenständliche Symbole (z.B. Schiff, Turm, Ring, Kelch, Stab, Münze, Schwert), auch männliche Personen;

- Religiöse Symbole: Beispielsweise christliche (Kreuz, Kirche), buddhistische oder hinduistische Symbole (z.B. Mandala);

- Animistisch-schamanistische Symbole: Bilder der Geisterwelt, Beschwörungs- und Zaubereisymbole und Symbole prähistorischer Höhlenmalerei, auch Anthropomorphisierung (Vermenschlichung von Tieren, der Natur oder von unbelebten Objekten);

- Lokalmythische Symbole: Sinnbilder aus lokal konstruierten Mythen und identitätsbildenden Wahrzeichen;

- Gestaltpsychologische Symbolik: Ästhetische Figurationen, d.h. die Ästhetik der Kombination und Anordnung der Symbole sowie die Auswahl des Mediums. Ästhetik bezeichnet hier die ansprechende Gesamtgestaltung einer Symbolgruppe. Die Gesamtgestaltung nutzt die psychologische Wirkung von Linie, Form, Struktur der Anordnung und die Farbkombination.

Symbole werden zu *mythischen* Symbolen durch ihren Bezug zu einem Mythos. Für die Identifizierung von touristisch relevanten Mythen und mythischen Symbolen kommen insbesondere zwei Wege in Betracht. Der angebotsorientierte Weg identifiziert die in der Destination lebendigen Mythen und untersucht, welche Symbole in den Mythen verwendet werden. Der nachfrageorientierte Weg identifiziert die in den touristischen Angeboten und Produkten verwendeten Symbole, soweit sie für Reiseinteressierte aus einer Quellregion wahrnehmbar sind und untersucht die Symbole daraufhin, ob sie mit einem Mythos in Verbindung stehen. Beide Wege ergänzen sich.

In Tabelle 5 erfolgt nun eine Zusammenfassung der Operationalisierung der zentralen Begriffe Mythos, Ritual (touristisches Ritual) und Utopie (utopische Sehnsucht). Auf dieser Grundlage ist es dann möglich, den mythischen, rituellen und utopischen Charakter einer Destination zu bestimmen. Es kann danach gefragt werden, welche Mythen und welche mythischen Symbole, welche rituelle Struktur und welche utopische Sehnsucht mit dem jeweiligen destinationstypischen Angebot und dem jeweiligen touristischen Produkt verbunden sind.

	Mythos	Touristisches Ritual	Utopische Sehnsucht
Kurzdefinition	Ein Mythos ist eine wiederkehrende metaphorische Erzählung mit hohem Symbolgehalt. Mythen weisen auf utopische Sehnsüchte.	Ein touristisches Ritual ist eine nach vorgegebenen Regeln ablaufende Handlung während einer Reise, die einen hohen Symbolgehalt aufweist.	Eine utopische Sehnsucht bezeichnet einen Zustand, mit dem essentielle Wunschvorstellungen verwirklicht sind, die Raum und Zeit transzendieren.
Beispiele für mögliche allgemeine Ausprägungen	Paradies-Mythen Helden-Mythen Grals-Mythen Religiöse Mythen Lokale Mythen	Ritueller Ablauf von Handlungen während einer Reise, z.B. Strandbesuch, Wallfahrt Trink-/Essritual	Paradiesischer Zustand
Mögliche Indikatoren	Indikatorengruppen: Gestaltpsychologische, animistisch-schamanistische, religiöse, matrilinear -naturbezogene, patriarchalisch-gegenständliche, lokalmythische Symbole	z.B. Dreierstruktur: 1. Loslösung 2. Identitätswandel 3. Integration	z.B. Sehnsucht nach ewiger Jugend ewigem Frieden ewiger Harmonie
Zeitdimension	Vergangenheit	Handlung in der Gegenwart	Zukunft
Sachdimension und Leitfrage	Mythischer Charakter des destinationstypischen touristischen Angebots oder Produkts: Welcher Mythos oder welche mythische Symbolik ist mit dem jeweiligen touristischen Angebot / Produkt verbunden?	Ritueller Charakter des destinationstypischen touristischen Angebots oder Produkts: Welche rituellen Strukturen sind mit dem jeweiligen touristischen Angebot / Produkt verbunden?	Utopischer Charakter des destinationstypischen touristischen Angebots oder Produkts: Welche utopische Sehnsucht ist mit dem jeweiligen touristischen Angebot / Produkt verbunden?
Wirkungsdimension	Wirkung für Attraktionssteigerung	Wirkung für Attraktionssteigerung	Wirkung für Attraktionssteigerung

Tabelle 5: Operationalisierung von Mythos, Ritual und Utopie

4.3.3 Das memetische Profil touristischer Produkte

Die Anbieter touristischer Produkte sind zumeist durchaus darum bemüht, die Reisemotive und Sehnsüchte ihrer Kunden zu kennen und bei der Ausgestaltung von touristischen Angeboten einzubeziehen. Bisher ist es vor allem die Tourismuswerbung, die sich der Tiefenebene der Menschheitssehnsüchte widmet und mit dem Stereotyp des Paradieses spielt. Doch bei einer inflationären Verwendung von Paradiesmotiven in Reiseprospekten ist damit auch kein Unterscheidungsmerkmal mehr gegeben. Erforderlich ist eine systematische und glaubhafte Verknüpfung der Paradies-Sinnbilder und anderer Mythen und mythischer Symbole mit den destinationstypischen realen Gegebenheiten.

Eine Voraussetzung für die Verknüpfung ist, dass die Akteure der Destinationsgestaltung ein Wissen über das mythische, rituelle und utopische Potential der Destination haben. Wenn dieses Potential zusätzlich auch produkt- und zielgruppenspezifisch erhoben wird, z.B. mit Hilfe der memetischen Kategorien, dann kann dieses Wissen bei der Destinationsgestaltung systematisch genutzt werden. Die in Tabelle 6 dargestellte Profilstruktur dient der Identifizierung der mythischen, rituellen und utopischen Potenziale der touristischen Produkte einer Destination, die bei der Ausgestaltung und Kommunikation des touristischen Angebots und der touristischen Produkte nutzbar sind.

Die memetische Sicht auf touristische Produkte ermöglicht eine Ausrichtung des Marketing-Mix einer Destination auf Kundengruppen, die den Memkategorien entsprechen. Dies stellt eine wesentliche Ergänzung der Kundensegmentierung und der strategischen Zielgruppenauswahl dar, zum Beispiel der Segmentierung nach Lebensphasen, nach geographischen Kriterien, nach Einkommenssituation oder Geschlecht. Der Vorteil liegt insbesondere darin begründet, dass die memetischen Kategorien mit den Motiven, den Reiseformen und den zugrunde liegenden Menschheitssehnsüchten verbunden werden können (vgl. Tabelle 1 und 2). Die memetischen Kategorien stellen damit eine Verknüpfung her zur Tiefenebene der Ursachen des Reisens und zur Tiefenebene der darauf auszurichtenden Destinationsgestaltung.

Werte-Meme	Touristisches Produkt	Mythos Welcher Mythos oder welche mythische Symbolik ist mit dem jeweiligen touristischen Produkt verbunden?	Touristisches Ritual Welche rituellen Strukturen sind mit dem jeweiligen touristischen Produkt verbunden?	Utopische Sehnsucht Welche utopische Sehnsucht ist mit dem jeweiligen touristischen Produkt verbunden?
spielerisch-instinktiv				
magisch-animistisch				
egozentrisch - impulsiv				
absolutistisch-ordnungsliebend				
strategisch-materialistisch				
sensibel-humanistisch				
integral-selbstbezogen				
integral-global				

Tabelle 6: Memetische Profilstruktur touristischer Produkte

4.4 Hypothetisches Modell

Auf der Grundlage der bisherigen Erörterungen kann nun ein hypothetisches Modell der Einflussfaktoren und Kausalzusammenhänge für die Attraktionssteigerung einer Destination für touristische Reisen von einer Quell- in eine Zielregion abgeleitet werden:

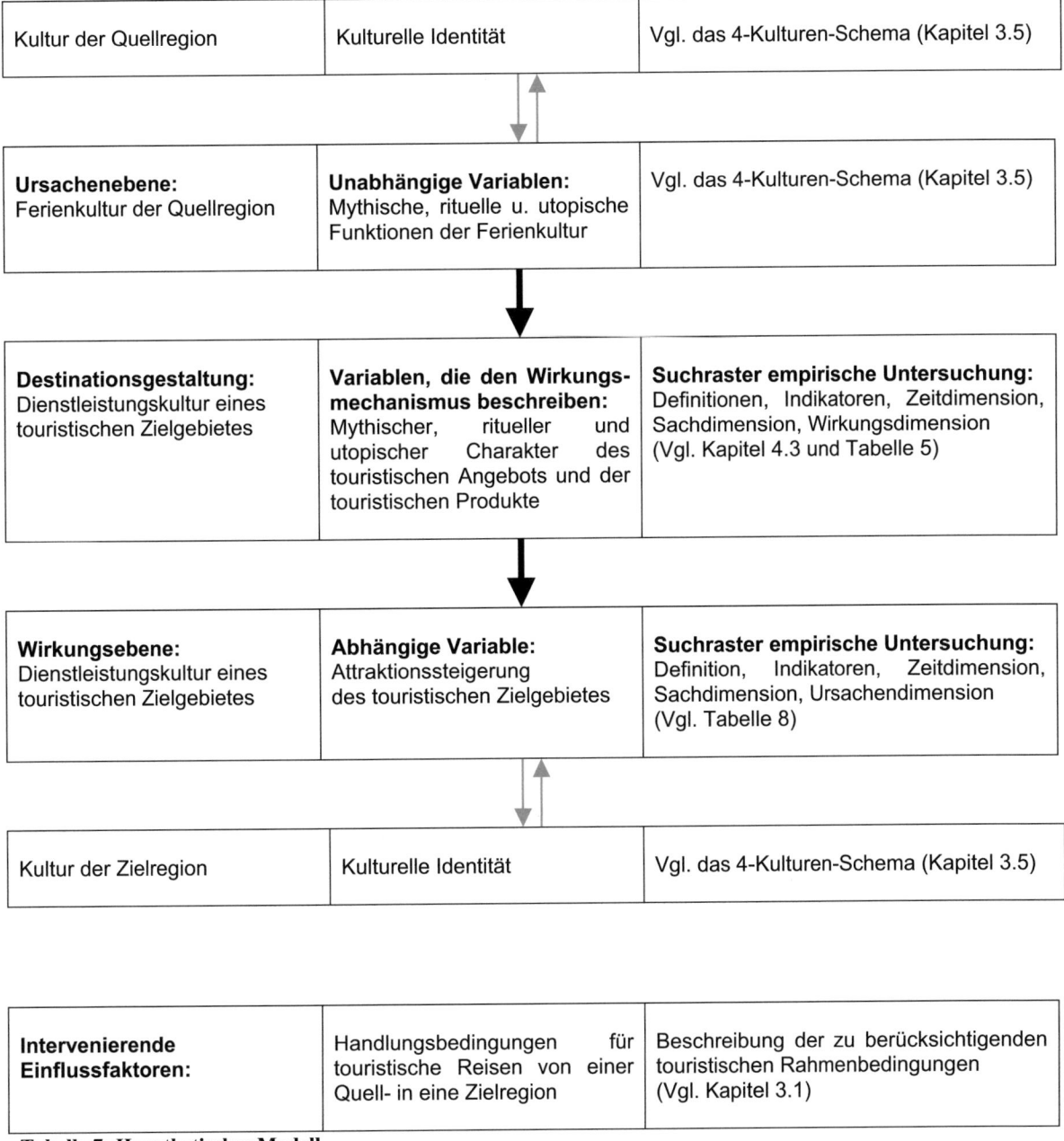

Kultur der Quellregion	Kulturelle Identität	Vgl. das 4-Kulturen-Schema (Kapitel 3.5)
Ursachenebene: Ferienkultur der Quellregion	**Unabhängige Variablen:** Mythische, rituelle u. utopische Funktionen der Ferienkultur	Vgl. das 4-Kulturen-Schema (Kapitel 3.5)
Destinationsgestaltung: Dienstleistungskultur eines touristischen Zielgebietes	**Variablen, die den Wirkungs-mechanismus beschreiben:** Mythischer, ritueller und utopischer Charakter des touristischen Angebots und der touristischen Produkte	**Suchraster empirische Untersuchung:** Definitionen, Indikatoren, Zeitdimension, Sachdimension, Wirkungsdimension (Vgl. Kapitel 4.3 und Tabelle 5)
Wirkungsebene: Dienstleistungskultur eines touristischen Zielgebietes	**Abhängige Variable:** Attraktionssteigerung des touristischen Zielgebietes	**Suchraster empirische Untersuchung:** Definition, Indikatoren, Zeitdimension, Sachdimension, Ursachendimension (Vgl. Tabelle 8)
Kultur der Zielregion	Kulturelle Identität	Vgl. das 4-Kulturen-Schema (Kapitel 3.5)
Intervenierende Einflussfaktoren:	Handlungsbedingungen für touristische Reisen von einer Quell- in eine Zielregion	Beschreibung der zu berücksichtigenden touristischen Rahmenbedingungen (Vgl. Kapitel 3.1)

Tabelle 7: Hypothetisches Modell

Zwischen der Dienstleistungskultur eines touristischen Zielgebietes und der Herausbildung einer kulturellen Identität in der Zielregion besteht ein komplexes Wechselverhältnis. Ebenso bestehen zwischen der Ferienkultur der Quellregion und der Kultur der Quellregion Wechselbeziehungen, die zur Herausbildung einer kulturellen Identität in der Quellregion beitragen. Dabei kommt den mythischen, rituellen und utopischen Funktionen der Ferienkultur eine zentrale Bedeutung zu. Diese Wechselbeziehungen hat Marion Thiem mit ihrem 4-Kulturen-Schema überzeugend herausgearbeitet. Nach Thiem besteht die Notwendigkeit, den mythischen, rituellen und utopischen Charakter der Ferienkultur zu kennen und Gestaltungsmaßnahmen daran auszurichten. Dies führte zu folgender eingangs bereits vorgestellten Hypothese:

- Wenn die mythischen, rituellen und utopischen Funktionen der Ferienkultur in modernen Gesellschaften bei der Destinationsgestaltung berücksichtigt werden und wenn zusätzlich auch die Rahmenbedingungen für das Reisen von der jeweiligen Quell- zur Zielregion förderlich sind, dann ist eine Attraktionssteigerung der Destination für Touristen aus der Quellregion zu erwarten.

Mit dieser Hypothese ist die Annahme verbunden, dass die mythischen, rituellen und utopischen Funktionen der Ferienkultur die Ursachenebene für die Attraktionssteigerung einer touristischen Destination (Wirkungsebene) darstellen. Die allgemeine und die spezifische Forschungsfrage nach dem zugrunde liegenden Wirkungsmechanismus lauteten:

- Wie ist der ursächliche Wirkungsmechanismus, mit dem ein touristisches Zielgebiet zu einer attraktiven touristischen Destination für Reisende aus einer bestimmten Quellregion werden kann und wie kann dieser Wirkungsmechanismus erfasst werden?

- Wie ist der ursächliche Wirkungsmechanismus, mit dem Asturien zwischen 2003 und 2007 zu einer attraktiven touristischen Destination für Reisende aus Deutschland geworden ist und wie kann dieser Wirkungsmechanismus erfasst werden?

In Kapitel 4.3 wurde eine Operationalisierung der Variablen vorgenommen, die den vermuteten ursächlichen Wirkungsmechanismus beschreiben. Es wurde ein Suchraster entwickelt, mit dem es möglich sein könnte, die Variablen des Wirkungsmechanismus zu erfassen. Gemäß dem hypothetischen Modell sind die Variablen der mythische, rituelle und utopische Charakter des touristischen Angebots und der touristischen Produkte einer Destination.

Mit der Hypothese wird davon ausgegangen, dass durch die Berücksichtigung der mythischen, rituellen und utopischen Funktionen bei der Destinationsgestaltung eine Attraktionssteigerung des touristischen Zielgebietes bewirkt werden kann. Mit Attraktionssteigerung ist dabei gemeint, die Anziehungskraft einer Destination für Touristen nachhaltig zu erhöhen, d.h. Touristen anzuziehen, sie genügend lange vor Ort zu halten, zu begeistern, zu binden und damit eine ausreichende Wertschöpfung zu erzielen. Als Indikatoren für die Messung der Attraktionssteigerung können die Entwicklung der Zahl der Reisenden und die Entwicklung der Höhe ihrer direkten Ausgaben und der Wertschöpfung herangezogen werden:

	Attraktionssteigerung
Kurzdefinition	Mit Attraktionssteigerung ist hier gemeint, die Anziehungskraft einer Destination für Touristen nachhaltig zu erhöhen, d.h. Touristen anzuziehen, sie genügend lange vor Ort zu halten, zu begeistern, zu binden und damit eine ausreichende Wertschöpfung zu erzielen.
Mögliche Indikatoren	Zahl der Reisenden
	Höhe der direkten Ausgaben
	Höhe der Wertschöpfung
Zeitdimension	Zeitraum
Sachdimension	Dynamik der Veränderung des Reiseaufkommens
Ursachendimension	Mythischer, ritueller und utopischer Charakter des touristischen Angebots und der touristischen Produkte

Tabelle 8: Operationalisierung der Attraktionssteigerung einer Destination

5. Einzelfallstudie Asturien

5.1 Methodische Vorbemerkungen

Aus dem in Kapitel 4.4 vorgestellten hypothetischen Modell der Einflussfaktoren für die Attraktionssteigerung einer Destination lassen sich mehrere empirische Untersuchungen ableiten. Im Rahmen der Einzelfallstudie Asturien wurde ein grundlegender Teil des hypothetischen Modells empirisch untersucht, und zwar der mythische Charakter der Destination mit der Erfassung der destinationstypischen Mythen und mythischen Symbole. Der im Modell beschriebene Wirkungsmechanismus basiert jedoch nicht nur auf der Berücksichtigung des mythischen, sondern auch des rituellen und utopischen Charakters. Zur Erfassung des rituellen Charakters würde sich z.B. eine teilnehmende Beobachtung an einer touristischen Handlung anbieten, um die rituellen Strukturen des Handlungsablaufs zu identifizieren. Der rituelle Ablauf einer touristischen Handlung ist bedeutsam für das subjektive Erleben des Aufenthalts und damit auch für die Entscheidung über weitere Reisen zur selben Destination, also für die touristische Kundenbindung. Auch die detaillierte und systematische Erfassung des utopischen Charakters einer Destination würde eine spezifische methodische Vorgehensweise erforderlich machen. Die Einzelfallstudie Asturien bezieht sich also nicht auf die empirische Überprüfung des hypothetischen Modells in seiner Gesamtheit, sondern überprüft insbesondere die Anwendbarkeit des grundlegenden Suchrasters zur Erfassung des mythischen Charakters einer Destination.

Das touristische Angebot und die touristischen Produkte in Asturien wurden im Rahmen der empirischen Untersuchung aus der Perspektive potentieller Touristen aus Deutschland analysiert. Das heißt, es wurden die medienvermittelten Datenquellen in die Untersuchung einbezogen, die für Reiseinteressierte in Deutschland leicht zugänglich sind. Durch Befragungen internationaler Touristen in Asturien ist bekannt, dass sich ausländische Touristen vor allem im Internet über Asturien informieren. (SITA 2006) Daher wurden zunächst eine Suchwortanalyse und eine Internetrecherche durchgeführt, um die auffindbaren wichtigsten deutschsprachigen Seiten mit Informationen zum touristischen Angebot und zu touristischen Produkten in Asturien zu identifizieren. Als Ergebnis wurden insbesondere zwei Internetangebote mit umfassenden Informationen und Links zur

Reisevorbereitung für Reisen nach Asturien ausgewählt: Spain.info und Infoasturias.com. Bei Spain.info handelt es sich um das Internetangebot von Turespaña, der für das Auslandsmarketing spanischer Reisedestinationen zuständigen Institution. Infoasturias.com ist die Internetpräsentation der Vereinigung öffentlicher und privater touristischer Akteure in Asturien SRT (Sociedad Regional de Turismo del Principado de Asturias).

Wie aus den Befragungen von ausländischen Touristen in Asturien ebenfalls bekannt ist, sind Printpublikationen eine weitere wichtige Informationsquelle für die Reisevorbereitung. Daher wurde aufgrund der Verkaufsstatistiken des führenden Onlinebuchhandels Amazon.de der meistverkaufte Asturien-Reiseführer in die Untersuchung einbezogen. Es ist das Reisehandbuch Nordspanien von Thomas Schröder (2002), in dem Asturien im Kontext der anderen nordspanischen Provinzen vorgestellt wird.

Das Datenmaterial wurde daraufhin untersucht, ob und wenn ja welche Mythen und mythischen Symbole verwendet wurden. Dabei wurden nur die Datenquellen in die Untersuchung einbezogen, die leicht auffindbar waren und die auf den ersten visuellen Eindruck hin mythische Symbole enthielten. Dies entspricht dem Suchverhalten im Internet und der für die Untersuchung gewählten Perspektive: die Sicht von Reiseinteressierten in Deutschland.

Neben diesem nachfrageorientierten Weg der Identifizierung vom Mythen und mythischen Symbolen aus der Perspektive von Reiseinteressierten in Deutschland wurde parallel auch der angebotsorientierte Weg ergänzend einbezogen. (vgl. Kap. 4.3.2) Dabei wurde das touristische Angebot und verfügbares Sekundärmaterial[25] daraufhin untersucht, welche Mythen in Asturien selbst lebendig sind.

Weiterhin wurde im Rahmen der Untersuchung darauf verzichtet, den identifizierten Symbolen Bedeutungen zuzuweisen. Wie aufgrund der Befunde der Mythenforschung in Kapitel 4.3 dargestellt wurde, gibt es keinen Deutungskatalog für Mythen und mythische Symbole, wonach die Wahrnehmung der Symbole in gleichförmiger Weise zu Bedeutungszuweisungen beim Wahrnehmenden führt. Mythen und mythische Symbole sind individuell und sozial interpretierte Konstrukte mit unterschiedlichen Bedeutungszuweisungen aus einem Spektrum von Symbolbedeutungen. Dies nimmt ihnen jedoch nichts von ihrer Wirksamkeit, wie ebenfalls aus der Mythenforschung und der Anwendung ihrer Befunde in modernen Medien bekannt ist.

Grundlage für die Identifizierung von Mythen und mythischen Symbolen bildete das Suchraster gemäß Tabelle 5 und für die Untersuchung der touristischen Produkte zusätzlich die memetischen Kategorien gemäß Tabelle 6. Eine Zusammenfassung der wesentlichen Erhebungsergebnisse der Untersuchung mit den jeweiligen Quellenangaben ist in Anhang I und Anhang II angefügt.

5.2 Touristische Rahmenbedingungen

Das Fürstentum Asturien (Principado de Asturias) ist eine autonome spanische Provinz an der Atlantikküste im Nordwesten der iberischen Halbinsel. Im Westen grenzt Asturien an Galicien und im Osten an Kantabrien. Die rund 1,1 Mio. Einwohner leben auf einer Fläche von 10.604 km². Die Bevölkerungsdichte ist mit 101 Einwohnern pro km² relativ gering. (Zum Vergleich: NRW 528 und das Saarland 404 Einwohner pro km²) Die Gebirgsregionen, die Asturien von Ost nach West durchziehen, sind sehr dünn besiedelt. Die Hauptstadt Asturiens ist Oviedo mit 212.000 Einwohnern. Weitere größere Städte sind die Hafenstadt Gijón (274.000 Einwohner) und die Industriestadt Avilés (84.000 Einwohner).[26]

In Asturien hat sich seit dem Ende der Franco-Diktatur (ab 1975) und nach der Integration in die Europäische Gemeinschaft (ab 1986) ein tiefgreifender sozio-kultureller Wandel vollzogen, der eine Wertevielfalt und neue Lebensstile hervorgebracht hat. Damit verbunden ist auch die Entwicklung hin zu einer touristischen Dienstleistungsorientierung.

Asturien war bis in die 1980er Jahre wirtschaftlich geprägt durch die Landwirtschaft und den Kohlebergbau. Heute ist Asturien weniger durch seine Industriebrachen bekannt, sondern durch sein Markenzeichen als „Asturien das Naturparadies". Der Bedeutungszuwachs des Tourismus brachte es mit sich, dass die Bewusstheit für die natürlichen touristisch nutzbaren Ressourcen seit dem Niedergang des Bergbaus zugenommen hat. In jüngster Zeit werden auch die Industriebrachen touristisch bedeutsam. Asturien ist seit 2007 Teil der Europäischen Route der Industriekultur.[27]

Die touristischen Rahmenbedingungen in Asturien haben sich in den zurückliegenden Jahren wesentlich gebessert. Zu den sozio-politischen Rahmenbedingungen der Tourismusentwicklung in Asturien gehört eine tourismusfreundliche Gesetzgebung. Die Regierung des Fürstentums hat mit ihrem Tourismusgesetz von 2001 und zahlreichen Dekreten zu Einzelaspekten der Regulierung und Ausrichtung des Tourismus eine aktive gestaltende Rolle übernommen.[28] Grundlage dafür ist das Konzept einer nachhaltigen Tourismusentwicklung im Rahmen der asturischen Strategie für eine nachhaltige Entwicklung (Estrategia Asturiana de Desarrollo Sostenible[29]).

Vereinfachte Einreisebestimmungen innerhalb der Europäischen Union und die Währungsunion haben zur Verbesserung der sozio-politischen und ökonomischen Bedingungen für den Tourismus in Asturien beigetragen. Unterstützt durch die Europäische Union wurde die Verkehrsinfrastruktur ausgebaut und die touristische Infrastruktur verbessert (Informationsstellen, touristisches Transportwesen, Wander- und Radwegenetz, Museen und Erlebnisparks).

Auch die Qualifizierung von Fachkräften der Tourismuswirtschaft wurde intensiviert und die Förderung zur Gründung von innovativen touristischen Unternehmen ist in den vergangenen Jahren deutlich ausgebaut worden.[30] Asturien gilt darüber hinaus als ein gastfreundliches und sicheres Reiseziel.

Eine wichtige Veränderung der touristischen Rahmenbedingungen in Asturien geht einher mit der Verbesserung der Anreisemöglichkeiten auf dem Luftweg. Preiswerte Flugverbindungen nach Asturien und zu den nahe gelegenen Flughäfen der Nachbarprovinzen sind inzwischen aus allen deutschen Regionen verfügbar. Noch bis in die 1990er Jahre erfolgte die Anreise aus Deutschland vorwiegend mit dem Auto. In einer zweitägigen Reise näherte man sich nur relativ langsam dem Ziel. Je näher man Asturien kam, umso langsamer ging es voran, da ein zusammenhängendes Autobahnnetz an der nordspanischen Atlantikküste erst eine Errungenschaft des neuen Jahrtausends ist. Durch die langsame Annäherung an das

Reiseziel kam es zu einer umfassenderen Wahrnehmung des physischen Raumes (des Weges und des Ziels). Heute erfolgt die Anreise nach Asturien oft auf dem Luftweg, über verinselte[31] Nicht-Orte[32] mit einer dadurch bedingten fundamental anderen Raumerfahrung: „ … Flugverbindungen tragen in besonderer Weise zur Verinselung von Raum- und Landschaftsaneignungen bei. Zwischenräume, Räume zwischen den Inseln der eigenen Raum- und Landschaftserfahrung werden - wenn überhaupt - durch hochgradig symbolisierte Erfahrungen aus zweiter und dritter Hand gefüllt …" (Kühne 2006: 48) Die symbolisch verdichtete Erfassung des Wesens der Destination Asturien erfolgt heute in mediatisierter und komprimierter Form, z.B. bei der Ankunft am Flughafen. Dort wird der Gast mit Hilfe von Großbildwänden, Souvenirshops und Infoständen auf das konstruierte Erscheinungsbild Asturiens eingestimmt.

Träger der Destinationsgestaltung in Asturien sind öffentliche und private Akteure der touristischen Dienstleistungskultur. Das Ministerium für Kultur und Tourismus des Fürstentums ist die politische Instanz für die Entwicklung der Destination Asturien. Die Sociedad Regional de Turismo (SRT) fungiert als Durchführungsorganisation der asturischen Tourismuspolitik. Sie ist als Unternehmen organisiert, in dem die privaten und öffentlichen touristischen Akteure zusammenarbeiten. Eine enge Abstimmung erfolgt mit der nationalen Ebene der Tourismuspolitik. Für das Auslandsmarketing touristischer Destinationen ist in Spanien vorrangig das nationale spanische Fremdenverkehrsinstitut (Turespaña) zuständig. Es verfügt über ein Netz von Fremdenverkehrsbüros, die den spanischen Botschaften und Konsulaten angeschlossen sind.

Die privaten touristischen Akteure in Asturien sind in einer Vielzahl von Vereinen und Verbänden organisiert.[33] Auf lokaler Ebene der Städte und Landkreise[34] entstanden in den vergangenen Jahren ebenfalls neue Zusammenschlüsse und Kooperationen. Insgesamt ist die touristische Akteurslandschaft in Asturien ein komplexes Beziehungs- und Netzwerkgefüge, das zur Gestaltung der Destination Asturien als touristisches Zielgebiet beiträgt.

Bei der mittelfristigen strategischen Planung der Destinationsgestaltung in Asturien bis 2010 haben sich die touristischen Akteure auf eine Weiterführung und Vertiefung der Strategie für eine nachhaltige Tourismusentwicklung festgelegt. Der Tourismus stellt auch in den kommenden Jahren eine tragende Säule für die Sicherung von Wohlstand und die Generierung von Arbeitsplätzen dar. Asturien strebt die Marktführerschaft für naturnahen Tourismus in Spanien an. Eine Vertiefung der Zusammenarbeit mit den benachbarten Provinzen zur touristischen Vermarktung des „Grünen Spaniens" und des Jakobswegs gehören zu den Schwerpunkten der Destinationsgestaltung in den kommenden Jahren.[35]

5.3 Attraktionssteigerung der Destination Asturien

Das Fürstentum Asturien wurde im Jahr 2007 von über 6 Millionen vorwiegend inländischen Touristen besucht (4,4 Mio. Übernachtungsgäste und 1,9 Mio. Tagesgäste).[36] Damit hält der Trend eines stetigen Anstiegs des Gästeaufkommens in den vergangenen Jahren an. Der Anteil des Auslandstourismus hat sich im Zeitraum 2003 bis 2005 mehr als verdoppelt. Er lag im Jahr 2003 bei 5,8% und stieg auf 11,9% im Jahr 2005 an. 2007 lag der Anteil bei 10,2%. Bemessungsgrundlage für die Berechnung des Anteils der Auslandstouristen ist die Anzahl von Übernachtungsgästen in offiziell registrierten touristischen Beherbergungsbetrieben (Hotels, Pensionen, Ferienhäuser und Ferienwohnungen, Jugendherbergen, Campingplätze). Darüber hinaus erfolgt die Unterbringung von Touristen in privaten Ferienwohnungen und Ferienhäusern, bei Bekannten und Verwandten und in privaten Zweitwohnsitzen. Der Anteil von Auslandstouristen mit Unterbringung in diesen Privatunterkünften hat sich von 10,3% (2003) auf 16,6% im Jahre 2005 erhöht (2007: 13,6%). Insgesamt besuchten Asturien im Jahre 2007 etwa 532.000 ausländische Übernachtungsgäste.

Auffallend ist der im Vergleich zum Spanientourismus insgesamt relativ starke Anstieg deutscher Touristen in Asturien. Im Zeitraum 2000 - 2004 sank die Gesamtzahl deutscher Touristen in Spanien um 9,5%. Das Reiseaufkommen aus Deutschland hat bis Anfang 2008 noch nicht wieder das Niveau von Beginn des Jahrtausends erreicht.[37] Entgegen diesem Trend verläuft die Dynamik der Entwicklung der touristischen Nachfrage aus Deutschland, die Asturien als Reiseziel wählen: Betrug ihr Anteil im Jahr 2003 nur 8,8% aller Auslandstouristen in Asturien, so stieg dieser Anteil 2004 auf 13,6%, 2005 auf 17,5% und 2006 auf 19,2% an.

Damit waren deutsche Touristen im Jahre 2006 das wichtigste Gästesegment des asturischen Auslandstourismus. Im Jahre 2007 betrug der Anteil deutscher Touristen 14,1%. Gleichzeitig stieg 2007 der Anteil englischer Touristen auf 20,5% an. Von den 75.000 - 100.000 deutschen Übernachtungsgästen, die Asturien seit 2005 jährlich besuchen, haben viele das Fürstentum zum ersten Mal als Destination gewählt. Als Hauptgrund für die Auswahl der Destination Asturien gaben Auslandstouristen zumeist an, dass sie daran interessiert seien, ein neues Reiseziel kennen zu lernen. Das galt im Jahre 2005 für 45% aller Auslandstouristen, 2006 für 38% und 2007 für 32% aller ausländischen Gäste.

Der Tourismussektor ist inzwischen ein bedeutender Bereich der asturischen Wirtschaft geworden. Mit über 53.000 Arbeitsplätzen stellt er 12,7% (2007) des gesamten Arbeitsplatzangebots der Provinz. Die ökonomische Wertschöpfung des Tourismus in Asturien beträgt 2,172 Milliarden Euro (2007). Die direkten Ausgaben ausländischer Touristen in Asturien sind durchschnittlich höher als die Ausgaben spanischer Touristen. Die direkten in Asturien getätigten Ausgaben der Reisenden aus Deutschland können auf etwa 50 Millionen Euro (2007) geschätzt werden.

5.4 Zusammenfassung und Interpretation der Ergebnisse

5.4.1 Der mythische Charakter der Destination Asturien

Welche Mythen und mythischen Symbole werden in der touristischen Außendarstellung Asturiens verwendet? Auf der Grundlage der durchgeführten empirischen Untersuchung kann das Profil der mythischen Symbole des touristischen Angebots in Asturien nun näher betrachtet werden. (vgl. Anhang 1)

Die Bild-/Wortmarke „Asturias paraíso natural" (Asturien das Naturparadies) ist die touristische Dachmarke der Destination Asturien. Sie kommt in den untersuchten deutschsprachigen Internetquellen wiederholt vor. Destinationsmarken stellen die typischen Eigenarten und Besonderheiten eines touristischen Zielgebietes symbolisch dar, um eine eindeutige Positionierung der Destination nach außen zu gewährleisten und den Zusammenhalt nach innen zu fördern. Die stilisierte Bildmarke, die mit dem Text „Asturias paraíso natural" verbunden ist, beinhaltet einen blauen Himmel, ein tiefblaues Meer, einen hellen Sandstrand, eine gelbe

Sonne, eine hell- bis dunkelgrüne Landschaft und braune Berge. Die Perspektive des Betrachtenden ist so gewählt, als ob er aus einem Kirchenfenster hinausblickt. An den Paradiesmythos knüpft nicht nur die Dachmarke der Destination Asturien an, sondern auch einige der Anbieter touristischer Produkte und die Provinzhauptstadt Oviedo. Oviedo wirbt mit dem Slogan „Willkommen in Oviedo, der Hauptstadt des Paradieses".[38]

Bei der Darstellung Asturiens in den für die empirische Untersuchung ausgewählten Quellen beziehen sich die verwendeten Symbole ganz überwiegend auf die Symbolik der Dachmarke. Asturien erscheint dabei zumeist als eine Destination zwischen Meer und Bergen, die wesentliche Erwartungen an ein Naturparadies erfüllt: Die hauptsächlich verwendeten **matrilinear-naturbezogenen Symbole** sind Meer, Berg, Himmel und Sonne. Die zumeist tiefgrüne Landschaft wird in der Symbolik von Baum, Wald, Weide oder Wiese dargestellt. Zu den wiederkehrenden emblematischen Tieren der Bergregion Asturiens gehören Bär, Wolf und Adler. Ein wiederkehrendes Wahrzeichen der Bergregion ist der Berggipfel „Naranjo de Bulnes" in den Picos de Europa. Die Wassersymbolik wird in vielfachen wiederkehrenden Formen präsentiert: als Fluss, Flussmündung, Bergsee, Regen, Wassertropfen oder Wasserfall. Das Meereswasser tritt in Form der Meeresbrandung, ruhigem Meerwasser am Strand oder in vom Wasser umspülten Felsen auf. Unverkennbar ist die Verbindung der matrilinear-naturbezogenen Symbole zum Paradiesmythos.

Die **patriarchalisch-gegenständlichen Symbole** beziehen sich zumeist ebenfalls auf Sinnbilder, die mit dem Element Wasser in Verbindung stehen: Boot, Schiff, Fischerdorf oder auch das häufig vorkommende Symbol einer Flussbrücke, vor allem die Brücke „Puente Romano" in Cangas de Onis. Auch die Symbole Weg, Stab und König gehören zu den charakteristischen verwendeten Symbolen. Der Mythos vom Königreich Asturien als Wiege der spanischen Monarchie und die damit verbundene Symbolik findet sich in den untersuchten Quellen. Wiederkehrend sind auch Symbole aus dem römischen, keltischen und jüdischen Erbe. Allen voran ist der Mythos des keltischen Erbes in Asturien eine Grundlage für die Auswahl von gegenständlichen Sinnbildern, insbesondere kommt dies in den Abbildungen keltischer Rundbauten und präromanischer Siedlungen zum Ausdruck. Der Mythos des römischen Erbes findet sich in der Verwendung von römischen Büsten, römischen Münzen,

Römerstraßen und römischen Grundmauern. Im Fall der Provinzhauptstadt Oviedo kommen Symbole des jüdischen Erbes hinzu, z.B. die Menora (ein siebenarmiger Leuchter).

Damit ist auch eine weitere Symbolgruppe angesprochen, die für Asturien von zentraler Bedeutung ist: **religiöse Symbole**. Die Thematik des Jakobsweges und die präromanischen Kirchen dominieren die religiöse (christliche) Symbolik: Kapelle, Kirche, Kreuz, Kathedrale, Pilgerweg, Jakobsmuschel, Pilger. Der Jakobsweg ist gerade in Deutschland in den letzten Jahren sehr populär geworden. Dies spiegelt sich in den touristischen Produkten wieder, die von deutschen Reiseveranstaltern angeboten werden. Dort ist es der Mythos des Jakobswegs, der bei der Präsentation einbezogen wird.

Eine wiederkehrende **lokalmythische Symbolik** findet sich in einem asturischen Mythos, der mit einer im Volksglauben als paradiesisch angesehenen Frucht zu tun hat - dem Apfel. So werden „Sidra-Reisen" angeboten, die sich auf den typisch asturischen Apfelwein beziehen. Sidra ist tief in der kulturellen Entwicklung Asturiens verwurzelt. In mythischen Erzählungen und Legenden spielt Sidra eine wichtige Rolle. Das Einschänken und Konsumieren des Apfelweins wird rituell zelebriert. Rund um den Mythos Sidra hat sich eine reichhaltige Symbolwelt herausgebildet. (Rivas 2001) Die Wurzeln reichen dabei hinein in die Zeit der Römer und Kelten, ja selbst der sagenumwobene Ort Avalon wird mit dem Sidra-Mythos in Verbindung gebracht.

Die zentrale wiederkehrende lokalmythische Symbolik bezieht sich auf eine Erzählung von identitätsstiftender Bedeutung für Asturien und auch für ganz Spanien - auf den Mythos von Covadonga:
Um das Jahr 718 kam der westgotische Adlige Pelayo nach Covadonga in den Picos de Europa. Dort lebte ein Eremit in einer der Mutter Gottes geweihten Höhle. Der Eremit prophezeite, dass Pelayo an einem nicht fernen Tage die Kraft der Mutter Gottes an diesem Ort empfangen werde. Im Jahre 722 stoppte Pelayo in der „Schlacht von Covadonga" mit einem kleinen Heer die anrückenden Mauren. Die Reconquista, die Wiedereroberung Spaniens nahm hier ihren symbolischen Anfang. Pelayo wurde zum ersten König von Asturien. Seine Gebeine sind in Covadonga

aufbewahrt. Covadonga ist heute ein viel besuchter Marien-Wallfahrtsort.[39] *Unterhalb einer Felsengrotte mit der Jungfrau von Covadonga ergießt sich der Río Diva über mehrere Wasserfälle in einen kristallklaren Teich, in den Münzen zur Erfüllung von Wünschen geworfen werden. Auch ein Brunnen, der Glück verheißt, ist am Rande des Teichs zu finden.*

Häufig verwendete Symbole, die dem Mythos von Covadonga zugeordnet werden können, sind: Pelayo als asturischer Held, Pelayo als spanischer Nationalheld, das Kreuz Pelayos, das Schwert Pelayos, die Jungfrau von Covadonga, die Höhle von Covadonga. Pelayos Kreuz und Krone zieren die offizielle Flagge und das Wappen des Fürstentums.

Der Mythos von Covadonga ist außerordentlich reich an Symbolen, die in den untersuchten Datenquellen wiederholt genutzt werden. Der Mythos weist auch **animistisch-schamanistische Symbole** auf: den Glücksbrunnen, den Teich der Wünsche, die Anthropomorphisierung einer Holzfigur, der magische Kräfte zugeschrieben werden (die Jungfrau von Covadonga).

Animistisch-schamanistische Symbole sind darüber hinaus in den Höhlenmalereien einiger steinzeitlicher Höhlen Asturiens zu finden, zum Beispiel rituelle Tierzeichnungen. Die Dunkelheit kennzeichnet die tief in den Bergen verborgenen Galerien mit Höhlenzeichnungen. Dunkelheit kennzeichnet auch einige Darstellungen der asturischen Wälder und der Berglandschaften, meist verbunden mit Nebel oder zarten Lichteffekten, die einen mystischen Charakter der Berglandschaft erzeugen.

Die Anordnung der unterschiedlichen Symbole zu „Symbolkompositionen" ist die eigentliche Kunst, die für die Wirksamkeit symbolischer Kräfte bedeutsam ist. Ihre Kombination in einem ästhetischen Gesamtsinnbild erweist sich in der Berücksichtigung **gestaltpsychologischer** Aspekte. Im Rahmen der Untersuchung erfolgte eine Beschränkung insbesondere auf die farbpsychologischen Aspekte. Die wiederkehrende Farbkombination ist blau und grün, ergänzt durch goldgelbe Lichteffekte, beispielsweise zur Hervorhebung von Kreuzen und Kirchen. Ein wiederkehrendes Element ist die Licht- und Wasserspiegelung, insbesondere die Spiegelung der Sonne im Meer und die Spiegelung des Himmels im Meer.

Charakteristisch sind Symbolkombinationen, die sich auf die Grenzbereiche zwischen den Elementen Wasser, Erde und Luft beziehen. Die Grenze zwischen Meer und einem zumeist tiefblauen Himmel ist ein wiederkehrendes Motiv. In Variationen davon wird diese Symbolkombination mit dem kraftvollen Symbol der Sonne verknüpft, wobei zumeist Farbabstufungen der Morgenröte und des goldgelben bis tiefroten Sonnenuntergangs aufzufinden sind.

Die Grenze zwischen Meer und Erde wird in noch vielfältigerer Weise als Symbolkombination verwendet, zum Beispiel als Kombination aus Meer und Strand, Meer und Steilküste, Meer und Flussmündung, Meer und Berg, Meer und Landschaft (Baum, Wald, Wiese, Weide, Pflanzen) Die Farbkombination besteht dabei zumeist aus einem blauen Meer, tiefgrüner Landschaft und hellem feinen Sandstrand. Die Darstellung der Berge variiert von braunen, grauen oder dunklen Berglandschaften bis hin zu weißen schneebedeckten Bergen. Die Flüsse der Bergregion werden zumeist als kristallklare schnell fließende Bäche und kleine Bergflüsse dargestellt. Das schäumende Weiß der Stromschnellen und der Wasserfälle wird dabei besonders hervorgehoben.

Die Mythen und mythischen Symbole werden zumeist in Form von Fotos abgebildet. Videos und Audiodateien werden selten verwendet. Die Präsentation des touristischen Angebots Asturiens auf den Internetseiten von Spain.info (Turespaña) enthält darüber hinaus 3-D Fotoanimationen und Multimedia-Präsentationen, die interaktive Infografiken mit einer Kombination vielfältiger Symbole aufweisen. Diese multimedialen Elemente kommen der Einbeziehung mythischer Symbole in populären Medien (vgl. Kapitel 4.3) am nächsten. Sie ermöglichen eine ansprechende Symbolkomposition. Spain.info (Turespaña) hat diese multimediale Symbolkomposition in einigen ersten Ansätzen für die Reiserouten „Grünes Spanien", „die Route der Silberstraße", „die Wege der Sephardim in Oviedo" und für den Jakobsweg realisiert. Die Multimedialisierung der Präsentation touristischer Angebote und Produkte im Internet bietet für Asturien noch ein großes Zukunftspotential, wenn dabei das Wissen und die Erfahrungen der symbolorientierten Medienpädagogik (Röll 1998) und der damit einhergehenden systematischen Einbeziehung von Symbolen und mythischen Botschaften berücksichtigt werden.[40]

5.4.2 Das memetische Profil touristischer Produkte in Asturien

Bei der Präsentation des touristischen Angebots durch die offiziellen Akteure für das touristische Marketing (Turespaña und SRT) und bei der Präsentation der touristischen Produkte durch die einzelbetrieblichen Anbieter werden überwiegend die gleichen Symbole verwendet. Die Anbieter kombinieren die Symbole zusätzlich mit Motiven des jeweiligen Produkts.

Für die Analyse der touristischen Produkte wurden die Indikatorengruppen zur Identifizierung der mythischen Symbole zusätzlich nach den memetischen Kategorien geordnet (vgl. auch Tabelle 1, 2 und 6). Daraus konnte ein memetisches Profil mythischer Symbole der touristischen Produkte in Asturien erstellt werden (Anhang II).

Es hat sich gezeigt, dass Asturien über eine große Vielfalt an touristischen Produkten aller Memkategorien von beige (spielerisch-instinktiv) bis gelb (integral-selbstbezogen) verfügt. Beispiele sind: Gastronomische Reisen, Bahn-Clubreisen, Familienreisen, Abenteuerreisen, Pilgerreisen, Radreisen, Wanderreisen und Städtereisen.

Der Schwerpunkt der touristischen Produkte liegt, wie dies für eine erfolgreiche Vermarktung als Naturparadies auch zu erwarten ist, bei naturbezogenen Angeboten der grünen Memkategorie, Wander-, Wellness- und Golftourismus beispielsweise. Auch Aktivtourismus in der Natur weist eine große Angebotsvielfalt auf.

Auffallend ist, dass sich ein weiterer Schwerpunkt touristischer Produkte auf die integral-selbstbezogene Memkategorie bezieht. Dazu zählen vor allem die Angebote, die auf individuelle Wünsche in flexibler Weise eingehen. Sie kombinieren unterschiedliche Memkategorien zu einem individuell wählbaren Gesamtpaket. Dieses Paketangebot wird dann unter ein spezifisches Thema gestellt, z.B. für den thematischen Städtetourismus: „Die Welt der Römer in Gijón", „Geschichte erleben: auf dem Jakobsweg, die Route Karls V.". Oder für Rundreisen: „Landschaft und Gastronomie in Asturien", „Schätze von Asturien", „Asturien, entdecken Sie das Naturparadies". Die zunehmend individuelle Gestaltung der touristischen Produkte kommt auch in dem Angebot der Billigfluggesellschaften zum Ausdruck. So bietet TUIfly beispielsweise einen Bausteintourismus an, bei dem zusammen mit dem Flugticket zugleich die Unterkunft, Mietwagen und weitere individuelle Serviceleistungen gebucht werden können.

Die Untersuchung der touristischen Produkte Asturiens hat auch gezeigt, dass für die türkise Memkategorie (dem Zukunftsmarkt des spirituellen Tourismus und des MINDness-Tourismus, vgl. Kapitel 3.4) kein Produktangebot identifiziert werden konnte.

Das Profil des mythischen Charakters der Destination Asturien kann auch für das gesamte touristische Angebot und für alle strategisch bedeutsamen touristischen Produkte erstellt werden. Durch einen Vergleich des gesamten touristischen Angebots mit dem aus der Perspektive deutscher Touristen wahrnehmbaren touristischen Angebot wird deutlich, welche Angebote für Reiseinteressierte aus Deutschland nicht oder nicht leicht auffindbar sind. Ebenso wird deutlich, welche Mythen und mythischen Symbole nicht verwendet werden. Damit werden auch das bisher noch nicht ausgeschöpfte symbolische Potenzial und die bisher für Reiseinteressierte aus Deutschland weitgehend „unsichtbaren" Attraktionspunkte identifizierbar. Dies gilt beispielsweise für das vielfältige nautische Angebot in Asturien, den Meerestourismus. Dazu wurde im Rahmen der Untersuchung nur ein touristisches Produkt gefunden. Die mythischen Symbole der Tiefsee kamen nicht vor, z.B. der Mythos der Riesenkraken vor der asturischen Küste. Auch die reichhaltige Mythologie Asturiens mit ihren mythologischen Gestalten, die in Asturien selber allgegenwärtig sind[41], kamen kaum vor. Ebenso spiegelte sich die asturisch-keltische Symbolwelt[42] im Rahmen der Untersuchung kaum in den touristischen Angeboten und Produkten wider. Dabei bilden die Ausnahme lediglich die keltischen Rundbauten und Siedlungen.

Die memetischen Kategorien ermöglichen eine Kundensegmentierung mit der Ausrichtung von Marketingaktivitäten auf Kundengruppen, die den Kategorien der Werte-Meme entsprechen. Die Reiseentscheidung für eine Destination hängt von Werthaltungen ab. (Hohermuth 1999, Kiefl / Bachleitner 2005: 191) Dies wird durch die Differenzierung von touristischen Produkten nach Werte-Memen berücksichtigt. Jede Memkategorie korrespondiert mit memgerechter Sprache, memgerechten Schlüsselbegriffen, Farben, Klängen und spezifischen Formen des Marketing-Mix (Kommunikations- Produkt- Preis und Vertriebspolitik).

Mehr noch: Was Gerhard Schulze für die Milieutypen beschreibt gilt analog auch für die memetischen Kategorien. (vgl. Kapitel 3.3) Den Memkategorien liegen Wertorientierungen und spezifische Kognitionsschemata zugrunde, aus denen sich neue Formen der Kundensegmentierung ergeben. Die memetische Differenzierung entspricht (analog zu den Milieukategorien) der Kundensegmentierung in Zeiten der Individualisierung.

Durch Profilierung (Abgrenzung, Benennung und Hervorhebung als Attraktion) werden die touristischen Produkte mit einer „Aura" umgeben. Dabei sind die Codes des Segments mit Mythen und mythischen Symbolen zu verknüpfen und zusätzlich mit produktspezifischen Komponenten zu kombinieren. Die Einzigartigkeit des touristischen Produkts wird dann durch eine symbolische memspezifische Produktbezeichnung herausgestellt, z.B. „Natur und Vielfalt der Picos de Europa entspannt kennenlernen" für das grüne Mem, „Kombinierte Rad- / Wanderreise Picos de Europa" für das orangene Mem, „Abenteuer im Biosphärenreservat Picos de Europa" für das rote Mem.

5.5 Beantwortung der Forschungsfrage

Wie ist der ursächliche Wirkungsmechanismus, mit dem Asturien zwischen 2003 und 2007 zu einer attraktiven touristischen Destination für Reisende aus Deutschland geworden ist und wie kann dieser Wirkungsmechanismus erfasst werden?

Bei einer Gesamtbetrachtung der Untersuchungsergebnisse scheinen die mythischen, rituellen und utopischen Funktionen der Ferienkultur keinen entscheidenden Einfluss auf die Attraktionssteigerung der Destination Asturien zu haben. Dass Asturien zwischen 2003 und 2007 zu einer attraktiven touristischen Destination für Urlaubsreisende aus Deutschland geworden ist, hängt zunächst einmal von den intervenierenden Einflussfaktoren ab, den Handlungsbedingungen für touristische Reisen von der Quellregion Deutschland in die Zielregion Asturien. Die Zunahme des Reiseaufkommens gerade deutscher Touristen ist bei einer oberflächigen Betrachtung sicherlich eher auf die positive Entwicklung der touristischen Rahmenbedingungen zurückzuführen, die in Kapitel 3.1 und 5.1 dargestellt wurden. Dazu zählen die Verbesserung der Verkehrsinfrastruktur und der Anreisemöglichkeiten auf dem Luftweg. Damit wurden die Anreisekosten erheblich gesenkt. Auch die Professionalisierung der Tourismuswirtschaft in Asturien, die aktive Destinationsgestaltung der Provinzregierung und der touristischen Akteure, der Ausbau der touristischen Infrastruktur, die Qualifizierung des Fachpersonals und die Entwicklung hin zu einer professionellen Dienstleistungskultur haben wesentlich zur Attraktionssteigerung beigetragen.

Doch alle diese Faktoren sind in Anbetracht eines zunehmenden weltweiten Wettbewerbs der touristischen Zielgebiete mehr und mehr selbstverständlich. Sie stellen zukünftig für sich alleine betrachtet keine Einzigartigkeit einer Destination her. Auch in anderen professionell gestalteten Destinationen sind diese Rahmenbedingungen gegeben. So sind die positiven Rahmenbedingungen für Reisen von Deutschland nach Asturien lediglich wichtige Vorbedingungen für die Attraktionssteigerung der Destination Asturien.

Entscheidend für den nachhaltigen Erfolg einer integralen Destinationsgestaltung und damit für eine Attraktionssteigerung der Destination könnte vielmehr die Tiefenebene der Destination Asturien sein und damit verbunden die Berücksichtigung der mythischen, rituellen und utopischen Funktionen der Ferienkultur bei der Destinationsgestaltung. Im Rahmen der empirischen Untersuchung konnte gezeigt werden, dass Asturien über einen großen Reichtum an Mythen und mythischen Symbolen verfügt. Davon sind viele aus der Perspektive deutscher Touristen auch hinreichend wahrnehmbar, so dass die Anziehungskraft der destinationstypischen Mythen und Symbole im Untersuchungszeitraum wirksam werden konnte. Damit konnte der mythisch-symbolische Charakter der Destination Asturien vermittelt werden und zur Attraktionssteigerung der Destination beitragen.

Der ursächliche Wirkungsmechanismus für die Attraktionssteigerung der Destination Asturien zwischen 2003 und 2007 hängt nach dem vorgestellten hypothetischen Modell ab von dem mythischen, rituellen und utopischen Charakter des touristischen Angebots und der touristischen Produkte. Dieser Wirkungsmechanismus konnte auf der Grundlage des Profils der Mythen und mythischen Symbole für einen grundlegenden Teilbereich des hypothetischen Modells erfasst werden. Es konnte gezeigt werden, aus welchem Reservoir an Sinnbildern, Mythen und Symbolen die Destination Asturien schöpfen kann. Die wichtigsten Mythen, die aus der Perspektive deutscher Touristen wahrnehmbar sind, beziehen sich auf den Paradiesmythos (Asturien als das Naturparadies), den Heldenmythos Pelayo, den Mythos von Covadonga, den Mythos des keltischen Erbes, den Mythos des römischen Erbes, den Mythos des Königreichs Asturien, den Mythos Jakobsweg und den Sidra-Mythos. Alle diese Mythen bilden jeweils einen Corpus von mythischen Symbolen.

Die folgenden Indikatorengruppen dienten im Rahmen der Einzelfallstudie Asturien der Identifizierung des mythischen Charakters der Destination: Matrilinear-naturbezogene Symbole, patriarchalisch-gegenständliche Symbole, religiöse Symbole, animistisch-schamanistische Symbole, lokalmythische Symbole und die gestaltpsychologisch-ästhetische Symbolik. Obwohl es Überschneidungen bei der Zuordnung einzelner mythischer Symbole zu den Kategorien geben kann, eignen sie sich doch gut als ein Filter für die Erfassung des mythischen Charakters der Destination Asturien. Mit Hilfe dieser Kategorien kann zudem die Bewusstheit für die mythische Symbolik der Destination geschärft werden.

Der Geltungsbereich der Einzelfallstudie bezieht sich zwar zunächst nur auf die Destination Asturien, doch das hypothetische Modell bezieht sich ganz allgemein auf touristische Reisen von einer Quell- in eine Zielregion in modernen Gesellschaften mit einem hohen Wettbewerbsdruck zwischen konkurrierenden touristischen Zielgebieten. Für eine Verifizierung der Gültigkeit des hypothetischen Modells in seiner Gesamtheit reicht die Einzelfallstudie Asturien alleine nicht aus. Es wären dafür weitere Untersuchungen erforderlich.

Die Erfassung des Wirkungszusammenhangs für die Attraktionssteigerung der Destination Asturien erfolgte methodisch mit einem Verfahren, das mit vergleichsweise geringem finanziellem und zeitlichem Aufwand wiederholbar ist. Daher ist eine Erfassung des mythischen Charakters auch anderer Destinationen leicht möglich. Zunächst wäre es naheliegend, einen Vergleich mit den benachbarten Provinzen in Nordspanien durchzuführen. Auf dieser Grundlage könnte dann auch der überregionale mythische Charakter Nordspaniens erfasst werden. Bei wiederholter Durchführung der Untersuchung im Zeitablauf wäre ebenso ein Zeitvergleich möglich, um etwaige Veränderungstrends zu erfassen.

6. Schlussbetrachtung

Reisen ist zu einem konstituierenden Charakteristikum in modernen Gesellschaften geworden. Die touristischen Rahmenbedingungen und die gesellschaftlichen Individualisierungsprozesse begünstigen die Herausbildung einer „Gesellschaft der Reisenden".

Eine ursächliche Erklärung des Reisens kann sich nicht auf einzelne Erklärungsansätze beschränken. Die Ursachen des Reisens sind vielfältig. Das soziale Phänomen touristischer Reisen kann aus unterschiedlichen Perspektiven erklärt werden. Die Tiefenstruktur der Ursachen des Reisens kann auf der Grundlage der memetischen Kategorien transparent gemacht werden. Im ersten Hauptteil dieser Arbeit (Kapitel 3) konnte damit gezeigt werden, dass den Vorlieben für bestimmte Reiseformen und den Reisemotiven letztlich Menschheitssehnsüchte und Menschheitsträume zugrunde liegen.

Im zweiten Hauptteil (Kapitel 4) wurde das Konzept für eine integrale Destinationsgestaltung vorgestellt. Es hat zum Ziel, einem touristischen Reiseziel eine attraktive Gestalt zu geben und diese mit Leben zu erfüllen. Integrale Destinationsgestaltung bezieht die den Reisemotiven zugrunde liegenden Menschheitssehnsüchte und Menschheitsträume systematisch auf allen Managementebenen und in allen Prozessphasen der Destinationsgestaltung ein. Es konnte gezeigt werden, dass die Tiefenebene der Reiselust für die Gestaltung touristischer Destinationen und für die Entwicklung touristischer Produkte bedeutsam ist. Die imaginären Zusatzeigenschaften touristischer Angebote und Produkte wurden als Schlüssel für die Wettbewerbsfähigkeit und die Attraktionssteigerung einer Destination herausgestellt.

Die Sprache der Tiefenebene der touristischen Leistungserstellung ist eine symbolische Sprache, bei der den Mythen und mythischen Symbolen, den mythologischen Grundmustern, Ritualen und Prozessen der Symbolbildung eine zentrale Bedeutung zukommt. Mit der empirischen Untersuchung wurde eine anwendungsorientierte Methode für die Erfassung des mythischen Charakters einer Destination auf ihre Praxistauglichkeit hin überprüft. Das Ergebnis ist ein Profil der destinationstypischen Mythen und mythischen Symbole. Dieses Profil berücksichtigt die identitätsbezogenen Funktionen der Ferienkultur in systematischer Weise. Es kann als eine wichtige Grundlage für eine integrale Destinationsgestaltung dienen.

Die Wurzeln der Lust am Reisen reichen tief hinab in die Welt der individuellen Bedürfnisse, Wünsche und der Vielfalt der Reisemotive, doch in der Tiefe stoßen sie auf das Grundwasser, das die eine Menschheit tränkt. Damit kommt dem Reisen in der Tiefe letztlich eine geradezu sakrale Bedeutung zu. Der Religionsphilosoph Huston Smith (1993: 465ff) weist auf die gemeinsame Essenz aller Religionen und Weisheitstraditionen hin. Es ist die gleiche Essenz, die auch den Ursachen der Reiselust letztlich zugrunde liegt: Die Sehnsucht nach der Wiedergewinnung einer unendlichen, alles umfassenden Ganzheit, einer Unermesslichkeit, die Zeit und Raum transzendiert - und die sich in den Vorstellungen von paradiesischen Orten in dieser Welt manifestiert, von Orten, an denen eine Ahnung von Glück und Lebensfülle zu finden sein könnte, wo ein Zipfel vom Paradies zu fassen sein könnte.

Für Horst W. Opaschowski, Leiter des B.A.T. Freizeit-Forschungsinstituts, ist die Urlaubsreise vielleicht „der lauteste Sehnsuchtsschrei des Menschen nach dem verlorenen Paradies." (Opaschowski 2001: 7) Nach seiner Überzeugung wird der weltweite Tourismus im 21. Jahrhundert „»der« Schlüssel zum Paradies auf Erden sein." (Opaschowski 2001: 132) Damit ist der Paradiesmythos auch ein Zukunftsmythos. Er beflügelt die Hoffnung auf die Erfüllung utopischer Sehnsüchte. Für Opaschowski wird der Paradiesmythos in Zukunft noch bedeutsamer werden. Es ist daher wohl gar nicht so erstaunlich, dass der uralte Paradiesmythos immer noch lebendig ist und dass von ihm auch weiterhin eine faszinierende Anziehungskraft ausgehen wird.

Und ich sah einen neuen Himmel und eine neue Erde ...
und der Tod wird nicht mehr sein, noch Leid noch Geschrei noch Schmerz ...
Und er zeigte mir einen Strom lebendigen Wassers, klar wie Kristall ....
und auf beiden Seiten des Stromes Bäume des Lebens, die tragen zwölfmal Früchte ...
und die Blätter der Bäume dienen zur Heilung der Völker.
(Die Bibel: Offenbarung des Johannes 21.1+4;22.1+2)

Literaturverzeichnis

Álvarez Peña, Alberto:
Mitología Asturiana, Gijón, 2001

Álvarez Peña, Alberto:
Celtas en Asturies, Gijón, 2002

Álvarez Peña, Alberto:
Mítos y Leyendas asturianas, Gijón, 2004

Antz, Christian:
Spiritueller Tourismus, In: Egger, Roman; Herdin, Thomas (Hrsg.), Tourismus : Herausforderung : Zukunft, S. 113-123, Wien und Berlin, 2007

Augé, Marc:
Orte und Nicht-Orte. Vorüberlegungen zu einer Ethnologie der Einsamkeit, Frankfurt, 1994

Bachleitner, Reinhard; Schimany, Peter (Hrsg.)
Grenzenlose Gesellschaft - grenzenloser Tourismus? München und Wien, 1999

Bachleitner, Reinhard; Kiefl, Walter:
Lexikon zur Tourismussoziologie, München und Wien, 2005

Baumann, Zygmunt:
Vom Pilger zum Touristen - Postmoderne Identitätsprojekte, In: Keupp, Heiner (Hrsg.): Der Mensch als soziales Wesen, Sozialpsychologisches Denken im 20. Jahrhundert, Serie Piper, Band 1975, München, 1995, S. 295ff

Baumann, Zygmunt:
Flaneure, Spieler und Touristen, Essays zu postmodernen Lebensformen, Hamburg, 1997

Baumann, Zygmunt:
Identity: conversations with Benedetto Vecchi / Zygmunt Baumann, Cambridge, 2004

Beck, Don Edward / Christopher C. Cowan:
Spiral Dynamics, Mastering Values, Leadership, and Change, Oxford (UK), 1996

Beck, Don:
Spiral Dynamics Integral: Learn to Master the Memetric Codes of Human Behavior, Audiobook, Louisville (USA), 2006

Beck, Don Edward / Christopher C. Cowan:
Spiral Dynamics, Leadership, Werte und Wandel, Bielefeld, 2007

Beck, Ulrich:
Risikogesellschaft, Auf dem Weg in eine andere Moderne, Frankfurt a.M., 1986

Bertels. Lothar:
Die dreiteilige Gesellschaft der Heimat: ein Szenarium, Opladen, 1997

Bieger, Thomas:
Management von Destinationen, 6. Auflage, München und Wien, 2005

Bieger, Thomas; Pechlaner, Harald; Weiermair, Klaus (Hrsg.):
Attraktions-Management - Führung und Steuerung von Attraktionspunkten, Wien, 2006

Bochert, Ralf:
Expansive Strategien im touristischen Incoming, In: Lieb, Manfred; Pompl, Wilhelm (Hrsg.): Internationales Tourismus-Management, München, 2002

Boomers, Sabine:
Reisen als Lebensform, Isabelle Eberhardt, Reinhold Messner und Bruce Chatwin, Frankfurt a.M., 2004

Braun, Ottmar L.:
(Urlaubs-)Reisemotive, In: Hahn / Kagelmann, Tourismuspsychologie und Tourismussoziologie, München, 1993, S. 199-207

Caflisch, Michael; Dillier, Denise; Klingseis, Katleen; Wohler, Urs:
Kristallwelt Alpen - Natürliche Attraktionen als Potenzial für Destinationen, In: Bieger, Thomas; Pechlaner, Harald; Weiermair, Klaus (Hrsg.): Attraktions-Management - Führung und Steuerung von Attraktionspunkten, Wien, 2006

Campbell, Joseph:
Der Heros in tausend Gestalten, Insel-Taschenbuch 2556, Frankfurt a.M., 1999

Campbell, Joseph:
Das bist Du, Die spirituelle Bedeutung biblischer Geschichten, Wunder und Gleichnisse, München, 2002

Campbell, Joseph:
Die Kraft der Mythen, Düsseldorf, 2007

Campomanes Calleja, Enrique:
Un recorrido por la Historia de Asturias, Gijón, 2001

Consejería de Cultura, Comunicación Social y Turismo del Principado de Asturias und SRT:
Plan de Líneas Estratégicas para el Desarrollo y Promoción del Turismo en Asturias 2007 - 2010, Llanera, Asturias, 2007

Dettmer, Harald (Hrsg.):
Tourismuswirtschaft: Arbeitsbuch für Studium und Praxis, Köln, 1998

Dettmer, Harald (Hrsg.):
Reiseindustrie: Arbeitsbuch für Studium und Praxis, Köln, 2001

Deutsche Bibelgesellschaft
Die Bibel, nach der Übersetzung Martin Luthers, revidierte Fassung von 1984, Großausgabe, Stuttgart, 1987

Egger, Roman; Herdin, Thomas (Hrsg.)
Tourismus : Herausforderung : Zukunft, Wien und Berlin, 2007

Enzenberger, H.M.:
Eine Theorie des Tourismus, In: Zeitschrift Merkur, 12. Jg. Heft 8, Stuttgart, 1958, S. 701-720

Freyer, Walter:
Tourismus-Marketing, Marktorientiertes Management im Mikro- und Makrobereich der Tourismuswirtschaft, 5. Auflage, München und Wien, 2007a

Freyer, Walter:
Virtuelles Reisen - wie real sind künstliche Reisen in Zukunft?, In: Egger, Roman; Herdin, Thomas (Hrsg.), Tourismus : Herausforderung : Zukunft, S. 515-531, Wien und Berlin, 2007b

Gottlieb, Alma:
Urlaub auf Amerikanisch, In: Kagelmann, H. Jürgen (Hrsg.), Tourismuswissenschaft: soziologische, sozialpsychologische und sozialanthropoligische Untersuchungen, München, 1993

Graves, Clare W., Hrsg: Cowan, Christopher / Natasha Todorovic:
Clare W. Graves Explores Human Nature: The Never Ending Quest. Santa Barbara (USA), 2005

Gross, Peter:
Die Multioptionsgesellschaft, Frankfurt a.M., es 1917, 1994

Gross, Peter:
Ich-Jagd. Im Unabhängigkeitsjahrhundert, Frankfurt a.M., es 2065, 1999

Grümer, Karl-Wilhelm:
Gesellschaftliche Rahmenbedingungen für Mobilität / Tourismus / Reisen. In: Hahn, Heinz; Kagelmann H. Jürgen: Tourismuspsychologie und Tourismussoziologie. Ein Handbuch zur Tourismuswissenschaft, S. 17-24, München, 1993

Hahn, Heinz; Kagelmann H. Jürgen:
Tourismuspsychologie und Tourismussoziologie. Ein Handbuch zur Tourismuswissenschaft, München, 1993

Heinze, Thomas:
Kulturtourismus: Grundlagen, Trends und Fallstudien, München und Wien, 1999

Heinze, Thomas:
Kultursponsoring, Museumsmarketing, Kulturtourismus, Ein Leitfaden für Kulturmanager, Wiesbaden, 2005

Hennig, Christoph:
Reiselust - Touristen, Tourismus und Urlaubskultur. Frankfurt a.M., 1999

Hennig, Christoph:
Der Wunsch nach Verwandlung. Mythen des Tourismus, Herrenalber Forum Band 29, Karlsruhe, 2001

Hetherington, Kevin:
Expressions of Identity, London, 1998

Hohermuth, Susanne:
Vom Aggloland ins Heidiland und weiter in die Ferne, In: Bachleitner, Reinhard; Schimany, Peter (Hrsg.), Grenzenlose Gesellschaft - grenzenloser Tourismus?, München und Wien, 1999, S. 156ff

Horx, Matthias:
Der Selfness Trend, Was kommt nach Wellness?, Studie der Zukunftsinstitut GmbH, Kelkheim, 2005

Jafari, Jafar:
Understanding the Structure of Tourism - An Avant Propos to Studying its Costs and Benefits, in: AIEST (Hrsg.), Wechselwirkungen zwischen Nutzen und Kosten des touristischen Angebots, St. Gallen 1982, S. 51-72

Kagelmann, H. Jürgen (Hrsg.):
Tourismuswissenschaft: soziologische, sozialpsychologische und sozialanthropoligische Untersuchungen, München, 1993

Kaspar, Claude:
Die Tourismuslehre im Grundriss, Bern, Stuttgart und Wien, 1996

Keupp, Heiner (Hrsg.):
Der Mensch als soziales Wesen, Sozialpsychologisches Denken im 20. Jahrhundert, Serie Piper, Band 1975, München, 1995

Kiefl, Walter:
Wo du nicht bist, dort ist das Glück - Überlegungen zur Vielschichtigkeit touristischer Motive, In: Tourismus Journal, Zeitschrift für tourismuswissenschaftliche Forschung und Praxis, 1. Jg., Heft 2, 1997, S. 207-224

Kiefl, Walter; Bachleitner, Reinhard:
Lexikon zur Tourismussoziologie, München und Wien, 2005

Kropp, Wilfried:
Technologie als Innovationsfaktor im Reisemarkt, In: Egger, Roman; Herdin, Thomas (Hrsg.), Tourismus : Herausforderung : Zukunft, S. 416-431, Wien und Berlin, 2007

Kühne, Olaf:
Landschaft in der Postmoderne, Das Beispiel des Saarlandes, Wiesbaden, 2006

Leed, Eric J.:
Die Erfahrung der Ferne: Reisen von Gilgamesch bis zum Tourismus unserer Tage, Frankfurt a.M. und New York, 1993

Lieb, Manfred; Pompl, Wilhelm (Hrsg.):
Internationales Tourismus-Management, München, 2002

Llano (Aurelio del Llano):
Cuentos asturianos recogidos de la tradición oral, Oviedo, 1993

Lohmann, Martin:
Kulturtouristen oder die touristische Nachfrage nach Kulturangeboten, In: Heinze, Thomas, Kulturtourismus: Grundlagen, Trends und Fallstudien, München und Wien, 1999, S. 52-79

Luft, Hartmut:
Destination Management in Theorie und Praxis, Organisation und Vermarktung von Tourismusorten und Tourismusregionen, Meßkirch, 2007

Malich, Siegfried:
Strategieleitlinie Wellness - Entstehungsgeschichte und Begriffsumfang, In: Dettmer, Harald (Hrsg.), Tourismuswirtschaft: Arbeitsbuch für Studium und Praxis, Köln, 1998, S. 207ff

Maslow, Abraham H.:
A theory of human motivation, Psychological Review, vol. 50, 1943, S. 370-396.

Mensendiek, Jürgen:
Stammgastmarketing, Meßkirch, 2004

Miller, Rudolf:
Zeiterleben. In: Hahn, Heinz; Kagelmann H. Jürgen:
Tourismuspsychologie und Tourismussoziologie. Ein Handbuch zur Tourismuswissenschaft, S. 230-236, München, 1993

Mundt, Jörn W.:
Tourismus, München, 2006

Mensendiek, Jürgen:
Stammgastmarketing, Meßkirch, 2004

Opaschowski, Horst W.:
Das gekaufte Paradies - Tourismus im 21. Jahrhundert, Hamburg, 2001

Opaschowski, Horst W.:
Kathedralen des 21. Jahrhunderts - Erlebniswelten im Zeitalter der Eventkultur, Hamburg, 2000

Petermann, Thomas:
Zur Globalisierung des Tourismus, In: Egger, Roman; Herdin, Thomas (Hrsg.), Tourismus : Herausforderung : Zukunft, S. 7-24, Wien und Berlin, 2007

Pircher-Friedrich, Anna Maria:
Entwicklung einer sinnorientierten Dienstleistungskultur für den Tourismus, In: Egger, Roman; Herdin, Thomas (Hrsg.), Tourismus : Herausforderung : Zukunft, S. 101-112, Wien und Berlin, 2007

Rivas, David M.:
La Sidra Asturiana, Bebida, ritual y símbolo, Gijón, 2001

Röll, Franz Josef:
Mythen und Symbole in populären Medien, Frankfurt a.M., 1998

Rossmann, Dominik; Donner, Rainer:
Web-Tourismus 2006. Erfolg im Tourismus durch das Internet, München, 2006

Saretzki, Anja:
Touristische Netzwerke als Chance und Herausforderung, In: Egger, Roman; Herdin, Thomas (Hrsg.), Tourismus : Herausforderung : Zukunft, S. 275-293, Wien und Berlin, 2007

Scarnato, Marcello:
Symbolik und Bedeutung des e-Business, Eine ganzheitliche Betrachtung am Beispiel Destinations-Management, St. Gallen, 2003

Schimany, Peter; Bachleitner, Reinhard (Hrsg.)
Grenzenlose Gesellschaft - grenzenloser Tourismus? München und Wien, 1999

Schröder, Thomas:
Nordspanien, Erlangen, 2002

Schroll-Machl, Sylvia:
Alpenländer trifft Rheinländer: Bedeutung, Entwicklung und Veränderung von Identität durch den Tourismus, In: Thomas-Morus-Akademie Bensberg: Tourismus - Gewinn oder Verlust von Identität? : die Wechselwirkungen von Kultur und Tourismus, Bensberger Protokolle 88, Bergisch Gladbach, 1998, S. 101 - 108

Schulze, Gerhard:
Die Erlebnisgesellschaft: Kultursoziologie der Gegenwart, Frankfurt a.M. und New York, 1992

SITA (Sistema de Información Turística de Asturias):
El Turismo en Asturias 2003 - 2007, Gijón, 2004 - 2008

Smith, Huston:
Eine Wahrheit viele Wege, Die großen Religionen der Welt, Freiburg i.B., 1993

SRT (Sociedad Regional de Turismo):
Willkommen in Asturien - Tourist Packages, Llanera, Asturias, 2007

Strasdas, Wolfgang:
Freiwillige Kompensationen von Flugemissionen - Ein Ansatz zur Minderung der Umwelteffekte des Ferntourismus?, In: Egger, Roman; Herdin, Thomas (Hrsg.), Tourismus : Herausforderung : Zukunft, S. 177-196, Wien und Berlin, 2007

Thiem, Marion; Müller, Hansruedi:
Kulturelle Identität, In: Hahn, Heinz; Kagelmann H. Jürgen: Tourismuspsychologie und Tourismussoziologie. Ein Handbuch zur Tourismuswissenschaft, München, 1993

Thiem, Marion:
Tourismus und kulturelle Identität, Berner Studien zu Freizeit und Tourismus, Bern und Hamburg, 1994

Thiem, Marion:
Kulturwandel durch Reisen?, In: Thomas-Morus-Akademie Bensberg: Tourismus - Gewinn oder Verlust von Identität?: die Wechselwirkungen von Kultur und Tourismus, Bensberger Protokolle 88, Bergisch Gladbach, 1998, S. 25 - 37

Thiem, Marion
Tourismus und kulturelle Identität, Zeitschrift „Aus Politik und Zeitgeschichte", B 47/2001, S. 27-31

Thomas-Morus-Akademie Bensberg:
Tourismus - Gewinn oder Verlust von Identität?: die Wechselwirkungen von Kultur und Tourismus, Bensberger Protokolle 88, Bergisch Gladbach, 1998

Vester, Heinz-Günther:
Tourismustheorie: Soziologische Wegweiser zum Verständnis touristischer Phänomene, München und Wien, 1999

Wenzel, Eike; Kirig, Anja:
Tourismus 2020: die neuen Sehnsuchtsmärkte, Studie der Zukunftsinstitut GmbH, Kelkheim, 2006

Wilber, Ken:
Integrale Psychologie, Geist, Bewusstsein, Psychologie, Therapie, Freiamt, 2001

Wöhler, Karlheinz:
Sustainabilisierung des Tourismus. Zur Logik einer postmodernen Wachstumsstrategie, In: Bachleitner, Reinhard; Schimany, Peter (Hrsg.), Grenzenlose Gesellschaft - grenzenloser Tourismus?, München und Wien, 1999, S. 38ff

Anhang

Anhang I: Profil mythischer Symbole des touristischen Angebots in Asturien

Touristisches Angebot	Matrilinear-naturbezogene Symbole	Patriarchalisch-gegenständliche Symbole	Religiöse Symbole	Animistisch-schamanistische Symbole	Lokalmythische Symbole	Gestaltpsychologisch-ästhetische Symbolik
Destinationsmarke: Asturias paraíso natural (Bild- / Textmarke), Turespaña / SRT (Sociedad Regional de Turismo del Principado de Asturias)[43]	Himmel, Meer, Strand, Landschaft, Berg, Sonne	Präromanische Fensterbögen				Bild- / Textmarke: hellblauer Himmel, tiefblaues Meer, beige-orangener Strand, gelbe Sonne, hellgrüne und dunkelgrüne Landschaft, braune Berge; Perspektive: Blick aus präromanischem Kirchenfenster
Natürliches Angebot: Bergregion						
Biosphärenreservat Picos de Europa, SRT[44]	Berg, See, Himmel				Naranjo de Bulnes (Berggipfel in den Picos de Europa)	Foto: Wasserspiegelung, tiefblauer Himmel, weißer Schnee der Berge
Biosphärenreservat Picos de Europa, Turespaña[45]	Berg, Himmel, Baum, Wald					Foto: tiefblauer Himmel, weißer Schnee der Berge, Animiertes Foto: grüner bis goldgelber Wald, Lichteffekt im linken emotionalen Bildbereich
Asturien / Nationalpark Picos de Europa, Turespaña[46]	Himmel, Meer, Sandstrand, Steilküste, Landschaft, Fluss, Berg, Sonne, Baum, Wald, Adler, Hirsch, Bär, Wolf, Eule		Kirche			Video: tiefblauer Himmel, blaues Meer, grüne Landschaft, Lichteffekt, Nahaufnahmen emblematischer Tiere, goldgelbe präromanische Kirche

Touristisches Angebot	Matrilinear- naturbezogene Symbole	Patriarchalisch- gegenständliche Symbole	Religiöse Symbole	Animistisch- schamanistische Symbole	Lokalmythische Symbole	Gestaltpsychologisch- ästhetische Symbolik
Biosphärenreservat Picos de Europa, (Schröder 2002: 342ff)	Berg, Bergsee, Fluss	Brücke	Kapelle, Kreuz	Teich der Wünsche Glücksbrunnen	Puente Romano in Cangas de Onis (emblematische Brücke), Covadonga	Fotos: schwarz-weiß
Biosphärenreservat Redes, SRT[47]	Berg, Wald, Himmel, Sonne			Dunkelheit		Fotos: tiefblauer Himmel, grüne Wälder, Morgenröte, dunkle Bergwelt
Biosphärenreservat Somiedo, SRT[48]	Berg, See, Himmel, Wald, Weide					Fotos: tiefblauer Himmel, weißer Schnee der Berge, grüne Weiden und Wälder
Biosphärenreservat Quellgebiete Narcea, Degaña und Ibias, SRT[49]	Wald, Himmel, Fluss					Fotos: tiefblauer Himmel, grüne Wälder, weiße Stromschnellen
weitere Naturschutzgebiete, Landschaftsschutzgebiete und geschützte Landschaftsbestandteile, SRT[50]	Himmel, Berg, Wald, Wiese, Weide, Fluss					Fotos: vor allem tiefblauer Himmel, grüne Wälder und Wiesen, Berge
Artenschutz, Fauna, SRT[51]	Bär					Foto: Braunbär in grüner Berglandschaft
Artenschutz, Braunbär, SRT[52]	Bär					Foto: Braunbär in grüner Berglandschaft

Touristisches Angebot	Matrilinear-naturbezogene Symbole	Patriarchalisch-gegenständliche Symbole	Religiöse Symbole	Animistisch-schamanistische Symbole	Lokalmythische Symbole	Gestaltpsychologisch-ästhetische Symbolik
Natürliches Angebot: Küste						
Naturschutzgebiet Östliche Küste, SRT[53]	Meer, Felsen, Strand					Foto: tiefblauer Himmel, klares Wasser, feinsandiger Strand, grüner Farn
Naturschutzgebiet Östliche Küste, (Schröder 2002: 355)	Strand, Berg, Meer	Dorf				Foto: schwarz-weiß
Naturschutzgebiet Westliche Küste, SRT[54]	Meer, Steilküste, Himmel					Foto: blauer Himmel, blaues Meer, grün bewachsene Küste, Blütenwiese (gelb-lila)
Naturschutzgebiet Westliche Küste, (Schröder 2002: 381)	Meer	Fischerdorf, Boot, Schiff				Foto: schwarz-weiß
Naturschutzgebiet Costa Verde, Turespaña[55]	Meer, Himmel, Sandstrand					Animiertes Fotos: tiefblauer Himmel, blaues Meer, feiner heller Sandstrand
Soziokulturelles Angebot: Weltkulturerbe u. Reiserouten						
Weltkulturerbe Jakobsweg Küstenroute, Turespaña[56]	Berg, Wald, Baum, Himmel, Licht	Weg, Stab	Kirche, Kathedrale, Jakobsmuschel			3D-Animation: blauer Himmel, weiße schneebedeckte Berge, grüner Wegesrand, Licht von links und von vorne

Touristisches Angebot	Matrilinear - naturbezogene Symbole	Patriarchalisch- gegenständliche Symbole	Religiöse Symbole	Animistisch- schamanistische Symbole	Lokalmythische Symbole	Gestaltpsychologisch- ästhetische Symbolik
Weltkulturerbe Jakobsweg Küstenroute in Asturien, SRT[57]	Strand, Meer, Berg, Himmel, Flussmündung		Kirche			Foto: tiefblauer Himmel, feiner heller Sandstrand, tiefblaues Wasser Flussmündung
Weltkulturerbe Jakobsweg Binnenroute in Asturien, SRT[58]	Wald, Baum, Himmel	Weg	Kathedrale			Fotos: grüner Wegesrand, grüne Bäume, blauer Himmel, goldgelbe Kathedrale
Weltkulturerbe Präromanische Kirchen des Königreichs Asturien, Turespaña[59]		König, Königreich, präromanische Denkmäler	Kirche, Kreuz, Kathedrale		Kreuz Pelayos, Pelayo, Heilige Kammer, Sidra	Audio-Hörtext mit weiblicher und männlicher Stimme im Wechsel
Reiseroute Grünes Spanien / Asturien, Turespaña[60]	Himmel, Strand, Pflanzen, Wasserfall, Regen, Blitze, Meer, Berg, Bergsee, Wiese, Wald, Fluss, Flussmündung Wildwasser	Pelayo-Denkmal, Schiff, Boot, Fischerdorf, präromanische (keltische) Siedlungen, Brücke	Kapelle, Kirche, Kathedrale, Kreuz		Cueva Santa in Covadonga, Pelayo, Puente Romano in Cangas de Onís	Multimedia-Präsentation: interaktive Infografiken mit Kombination vielfältiger Symbole
Die Route der Silberstraße in Asturien (römisches Erbe), Turespaña[61]	Wald, Weiden, Meer	römische Büste, römisches Mosaik, Säule, römische Münze, Römerstraße, Schiff, Palast	Kirche, Kathedrale			Multimedia-Präsentation: interaktive Infografiken mit Kombination vielfältiger Symbole

Touristisches Angebot	Matrilinear-naturbezogene Symbole	Patriarchalisch-gegenständliche Symbole	Religiöse Symbole	Animistisch-schamanistische Symbole	Lokalmythische Symbole	Gestaltpsychologisch-ästhetische Symbolik
Die Wege der Sephardim in Oviedo, Turespaña[62]	Feuer	Schlüssel, Tor, Menora	Kathedrale, jüdische Symbole: Davidstern (Hexagramm), Tora, Tallit, Kippa, Tefillin, Mezuza			Multimedia-Präsentation: interaktive Infografiken mit Kombination vielfältiger Symbole
Weitere soziokulturelle Angebote						
Prähistorische Höhlenmalerei, SRT[63]	Höhle			rituelle Tierzeichnungen, Linien und Punkte		Fotos: rot, braun und schwarz gefärbte Höhlenmalereien, dunkle Höhlengänge
Prähistorische Höhlenmalerei Ribadesella, Turespaña[64]				rituelle Pferdezeichnung		Foto: Zeichnung eines Pferdes in schwarzer Farbe
Prähistorische Höhlenmalerei Ribadesella, (Schröder 2002: 358)				rituelle Tierzeichnungen		Foto: schwarz-weiß
Keltisches Erbe, Iberische Dörfer, SRT[65]		keltische Rundbauten			keltisches Erbe	Foto: Rundmauern in grüner Landschaft
Keltisches Erbe, (Schröder 2002: 379)		keltischer Getreidemörser			keltisches Erbe	Foto: schwarz-weiß
Heiligtum von Covadonga, Turespaña[66]	Himmel, Berg		Kathedrale		Covadonga	Foto: tiefblauer Himmel, grüne Berge, Kathedrale im Spiel von Licht und Schatten

Touristisches Angebot	Matrilinear-naturbezogene Symbole	Patriarchalisch-gegenständliche Symbole	Religiöse Symbole	Animistisch-schamanistische Symbole	Lokalmythische Symbole	Gestaltpsychologisch-ästhetische Symbolik
Puente Romano Cangas de Onis, SRT[67]	Himmel, Fluss	Brücke	Kreuz		Puente Romano in Cangas de Onis	Foto: Himmel mit rot, blau, schwarzem Farbverlauf, grünes Flusswasser, goldgelbe Brücke mit hellem Kreuz
Ess- und Trinkkultur: Sidra, SRT[68]	Apfel, Apfelwein	Phallus (Flaschenform)		Dunkelheit	Sidra	Foto: sprudelndes helles Sidraglas im linken (emotionalen) Bildbereich vor schwarzem Hintergrund; grüne Flaschen
Soziokulturelles Angebot: Städte						
Oviedo, Turespaña[69]	Himmel, Baum, Wiese		Kirche, Kathedrale			Foto: goldgelbe Kirche, blauer Himmel, grüner Baum, grüne Wiese
Oviedo, SRT / Stadt Oviedo[70]		Theater, Oper, Golfplatz, moderne Architektur	Kirche, Kathedrale			Fotos: schnelle Bildfolge zu kulturellen Themen, Bild- / Textmarke der Stadt: logo: blau, grün, goldgelb, Text: Oviedo Capital del Paraiso, Stadtwappen: goldgelbes Kreuz, blauer Hintergrund, rot-goldene Königskrone
Gijón, SRT / Stadt Gijón[71]	Meer, Himmel	Schiff	Kirche			Fotos: blauer Himmel, blaues Meer, Bildfolge zu kulturellen Themen
Gijón, Turespaña[72]	Himmel, Meer, Strand		Kirche			Foto: blauer Himmel, blaues Meer, Sandstrand und Kirche

Anhang II: Profil mythischer Symbole der touristischen Produkte in Asturien

Touristisches Produkt	Matrilinear - naturbezogene Symbole	Patriarchalisch-gegenständliche Symbole	Religiöse Symbole	Animistisch-schamanistische Symbole	Lokalmythische Symbole	Gestaltpsychologisch-ästhetische Symbolik
spielerisch-instinktiv Lust: Essen, Trinken						
"Asturische Gaumenfreuden", Gastronomischer Tourismus, (SRT 2007: 13)	Sidra, Käse, Bohneneintopf (Fabada), Meeresfrüchte, Brot	Phallus (Flaschenform)				Foto: grüne Sidraflasche, rot-weiße Fabada Asturiana (Bohneneintopf), blau-weißer Queso Cabrales (Blauschimmelkäse)
"Sidre trinken in Asturien", Gastronomischer Tourismus, (SRT 2007: 15)	Apfel	Phallus (Flaschenform)		Dunkelheit	Sidra	Foto: grüne Sidraflaschen, Sidraglas mit Lichtspiegelung, dominanter schwarzer Hintergrund
magisch-animistisch Sicherheit: Club, Familie, Geborgenheit						
"El Transcantábrico: Ein Bahnurlaub im Luxuszug" Bahnrundreise All-Inclusive mit Luxus-Clubromantik, Feve[73]	Himmel, Berg, Meer, Strand, Licht, Wein, Brot	Brücke	Kapelle, Kirche, Kathedrale		Heilige Höhle in Covadonga	Fotos: romantische Clubatmosphäre, blauer Himmel, grüne Landschaft, feiner Sandstrand

Touristisches Produkt	Matrilinear - naturbezogene Symbole	Patriarchalisch-gegenständliche Symbole	Religiöse Symbole	Animistisch-schamanistische Symbole	Lokalmythische Symbole	Gestaltpsychologisch-ästhetische Symbolik
"Mit der Familie auf dem Küstenwanderweg von Llanes", Familientourismus, (SRT 2007: 29)	Meer, Himmel, Strand, Felsen					Foto: blauer Himmel, klares blauschimmerndes Meer, feiner heller Sandstrand, grün bewachsene Felsen
"Nester bauen in den Wäldern Asturiens", Familientourismus, (SRT 2007: 30)	Baum, Wald	Weg				Foto: grüne Bäume, grüner Wald
egozentrisch -impulsiv Kraft: Abenteuer, Eroberung						
"Pasajeros del Viento", Heißluftballonfahrten Picos de Europa, Abenteuertourismus, Globoastur[74]	Himmel, Berg, Sonne, Wiese	Heißluftballon				Foto: blauer Himmel, mehrfarbige Heißluftballons
"Ondabrava", Herberge & Abenteuertourismus (Kanu- u. Seekayaktouren, Meer-Surfkayak, Mountainbiking, Trekking, Canyoning), Ondabrava[75]	Himmel, Meer, Steilküste, Strand, Fluss, Wildwasser, Wasserfall, Wiese, Weide, Berg	Brücke, Kanu, Kayak, Weg, Rad	Jakobsmuschel			Fotos: weiß-schäumendes Wildwasser, Wasserfälle, Meeresbrandung, grüne Landschaft, blauer Himmel, Video: Wildwasserabfahrt mit Rockmusik unterlegt
"Abenteuer im Biosphärenreservat", Abenteuertourismus, (SRT 2007: 18)	Himmel, Wiese, Berg				Berggipfel Naranjo de Bulnes	Foto: blauer Himmel, grüne Landschaft, schneebedeckte Berge

Touristisches Produkt	Matrilinear - naturbezogene Symbole	Patriarchalisch-gegenständliche Symbole	Religiöse Symbole	Animistisch-schamanistische Symbole	Lokalmythische Symbole	Gestaltpsychologisch-ästhetische Symbolik
"Das Abenteuer erleben", Abenteuertourismus, (SRT 2007: 19)	Himmel, Wiese, Fluss, Berg	Brücke				Foto: blauer Himmel, grüne Landschaft, schneebedeckte Berge, blauer Fluss
absolutistisch-ordnungsliebend Wahrheit: Orientierung, Sinn						
"Nördlicher Weg - Jakobsweg in Asturien", Pilgerreise, (SRT 2007: 47)	Himmel, Meer, Strand, Steilküste		Kirche			Fotos: blauer Himmel, blaues Meer, heller Sandstrand, grüne Steilküsten
"Camino del Norte - die Küstenroute des nördlichen Jakobsweges", Pilgerreise, Terraviva[76]	Meer, Strand, Felsen		Pilger, Kirche, Kathedrale			Foto: blaues Meer, grüne Steilküste, feiner heller Sandstrand
strategisch-materialistisch Leistung: Aktivität, Fitness						
"Kombinierte Rad- / Wanderreise Picos de Europa / Valles del Oso", Rad- / Wandertourismus, Terraviva[77]	Berg, Fluss, Himmel, Wasserfall	Rad, Weg, Brücke				Fotos: blauer Himmel, grüne Landschaft, graue Berge, klare Flüsse, weißer Wasserfall

Touristisches Produkt	Matrilinear - naturbezogene Symbole	Patriarchalisch-gegenständliche Symbole	Religiöse Symbole	Animistisch-schamanistische Symbole	Lokalmythische Symbole	Gestaltpsychologisch-ästhetische Symbolik
"Ondabrava", Herberge & Aktivtourismus (Kanu- u. Seekayaktouren, Meer-Surfkayak, Mountainbiking, Trekking, Canyoning), Ondabrava[78]	Himmel, Meer, Steilküste, Strand, Fluss, Wildwasser, Wasserfall, Wiese, Weide, Berg	Brücke, Kanu, Kayak, Weg, Rad	Jakobs-muschel			Fotos: weiß-schäumendes Wildwasser, Wasserfälle, Meeresbrandung, grüne Landschaft, blauer Himmel, Video: Wildwasserabfahrt mit Rockmusik unterlegt
"Oviedo und die Täler des Bären", Radtourismus, (SRT 2007: 43)	Himmel, Berg, Baum, Wiese	Rad, Weg				Foto: blauer Himmel, grüne Landschaft
sensibel-humanistisch Harmonie: Gesundheit, Erholung, Natur, Wellness						
"Nordspanien Exkursionsreisen zwischen Meer und Bergen", Wandertourismus, Picosincognito[79]	Himmel, Meer, Strand, Steilküste, Berg					Animiertes Foto: blauer Himmel, blaues Meer, weiße Meeresbrandung, grau-grüne Steilküste, schneebedeckte Berge
"Natur und Vielfalt der Picos de Europa entspannt kennenlernen", Wandertourismus, Terraviva[80]	Himmel, Wald, Berg, Fluss	Brücke, Weg				Fotos: blauer Himmel, grüne Wälder, graue Berge, klare Bergflüsse
"Auf der Suche nach Wellness", Wellnesstourismus, (SRT 2007: 33)	Himmel, Wasser, Baum	Boot, Fischerdorf	Kirche			Foto: blauer Himmel, grüner Baum, weiße Fischerdorffassaden

Touristisches Produkt	Matrilinear - naturbezogene Symbole	Patriarchalisch- gegenständliche Symbole	Religiöse Symbole	Animistisch- schamanistische Symbole	Lokalmythische Symbole	Gestaltpsychologisch- ästhetische Symbolik
"Mit dem Schiff entlang der asturischen Küste" Meerestourismus, (SRT 2007: 17)	Himmel, Meer	Hafenmauer, Hafenblöcke				Foto: tiefblauer Himmel, bunte Hafenblöcke
"Golf und Relax", Golfurlaub, (SRT 2007: 31)	Wiese, Baum	Stab (Golfschläger)				Foto: grüne Wiese, grüner Baum
"Llanes, Golf mit Blick aufs Meer und die Berge", Golfurlaub, (SRT 2007: 31)	Fluss, Licht	Boot				Foto: dunkelblauer Himmel, Lichtspiegelung im Wasser
"Das Golfparadies", Golfurlaub, (SRT 2007: 32)	Baum, Wiese, Himmel	Stab (Golfschläger)				Foto: blauer Himmel, grüner Rasen, grüner Baum
"Picos de Europa, Wandern im Biosphärenreservat", Wandertourismus, (SRT 2007: 35)	Himmel, Berg				Berggipfel Naranjo de Bulnes	Foto: blauer Himmel, grau-grüne Berghänge
"Wanderung entlang der asturischen Küste", Wandertourismus, (SRT 2007: 36)	Himmel, Strand, Wiese, Meer, Felsen					Foto: blauer Himmel, grüne Wiese, heller Sandstrand, blaues Meer, weiße Meeresbrandung
"Talasoponiente - Gijón und das Meer", Kurbadtourismus, Talaso Poniente[81]	Himmel, Meer, Wassertropfen Strand	Jachthafen, Thermalbecken				Fotos: tief bis hellblauer Himmel, blaues Meer, schillerndes Thermalbecken, heller Strandsand

Touristisches Produkt	Matrilinear - naturbezogene Symbole	Patriarchalisch-gegenständliche Symbole	Religiöse Symbole	Animistisch-schamanistische Symbole	Lokalmythische Symbole	Gestaltpsychologisch-ästhetische Symbolik
"Asturien: Picos de Europa", Wandertourismus, pura aktiv reisen[82]	Himmel, Meer, Berg, Wasserfall		Kirche	Dunkelheit		Fotos: tiefblauer Himmel, blaues Meer, braun-weiße Berge, Wasserfall mit dominantem dunklen Hintergrund und Lichteffekt
integral-selbstbezogen Integration: Persönliche Entwicklung, Selfness						
"Geschichte erleben: die Welt der Römer, Gijón" thematischer Städtetourismus, (SRT 2007: 7)	Himmel, Meer, Wiese	römische Grundmauern				Foto: blauer Himmel, zartes rot des Sonnenaufgangs, grüne Wiesen
"Geschichte erleben: auf dem Jakobsweg, die Route Karls V." thematischer Städtetourismus, (SRT 2007: 7)	Flussmündung	Schiff, Fischerdorf				Foto: Fischerdorf mit vorwiegend weißen Fassaden, kleine Fischerboote
"Das Juwel der präromanischen Kunst", thematischer Städtetourismus, (SRT 2007: 8)	Wiese, Berg		Kirche			Foto: goldgelbe Kirche, grüne Wiese
"Oviedo, Geschichte und Gegenwart", thematischer Städtetourismus, (SRT 2007: 9)	Himmel, Wasser, Baum	Springbrunnen				Foto: blauer Himmel, weiße Wasserfontänen

Touristisches Produkt	Matrilinear - naturbezogene Symbole	Patriarchalisch-gegenständliche Symbole	Religiöse Symbole	Animistisch-schamanistische Symbole	Lokalmythische Symbole	Gestaltpsychologisch-ästhetische Symbolik
"Landschaft und Gastronomie", Rundreise, (SRT 2007: 37)	Fluss, Meer, Strand, Himmel	Brücke			Puente Romano in Cangas de Onis	Fotos: blauer Himmel, grünes Wasser, Stromschnellen, feiner Sandstrand
"Asturien kennenlernen", Rundreise, (SRT 2007: 38)	Wasser, Berg, Himmel	Schiff, Fischerdorf	Kathedrale		Kathedrale von Covadonga	Fotos: blauer Himmel, blau-grünes Wasser, braune Berghänge, Fischerdorf mit weißen Fassaden
"Schätze von Asturien", Rundreise, (SRT 2007: 40)	Sonne, Meer	Pelayo-Denkmal	Kirche		Pelayo	Fotos: goldgelber Sonnenuntergang, schwarzes Pelayo-Denkmal, goldgelbe Kirche
"Baudenkmäler in Asturien", Rundreise, (SRT 2007: 42)	Himmel, Rasen, Berg	Palast	Kirche, Kathedrale, Kreuz		Kathedrale von Covadonga	Fotos: blauer Himmel, grüner Rasen, Lichteffekt zur Hervorhebung von Kreuz vor Kathedrale
"Zwischen Meer und Gebirge", Rundreise, (SRT 2007: 44)	Meer, Baum, Himmel, Wiese, Dinosaurier		Kirche			Fotos: blauer Himmel, grüne Wiese, goldgelber Baum, Lichteffekt Spiegelung der Sonne im Meer, brauner Dinosaurier, Dinosaurier-Skelett
"Asturien, entdecken Sie das Naturparadies", Rundreise, (SRT 2007: 45)	Wiese, Wald, Berg, Himmel, Dinosaurier		Grotte mit Altar	Dunkelheit Holzfigur	Heilige Höhle in Covadonga, Jungfrau von Covadonga	Fotos: grüne Weiden, grüner Wald, dunkle Berglandschaft, brauner Dinosaurier, Dinosaurier-Skelett, reich verzierter Altar
"Asturien, Meer und Gebirge", Rundreise, (SRT 2007: 46)	Berg, Wiese, Meer	Schiff				Fotos: blaues Meer, grüne Wiese, schneebedeckte Berge

Touristisches Produkt	Matrilinear - naturbezogene Symbole	Patriarchalisch- gegenständliche Symbole	Religiöse Symbole	Animistisch- schamanistische Symbole	Lokalmythische Symbole	Gestaltpsychologisch- ästhetische Symbolik
"Flug, Unterkunft & Mietwagen", individueller Bausteintourismus, TUIfly[83]	Himmel, Meer, Steilküste					Foto: tiefblauer Himmel, blaues Meer, braun-grüne Steilküste
integral-global Global-Holistisch: Spiritualität, MINDness						

Anmerkungen und Hinweise auf weiterführende Literatur

[1] Hintergrund für mein Interesse an der Destination Asturien ist, dass ich die Tourismusentwicklung in Nordspanien und insbesondere in Asturien im Rahmen meiner Tätigkeit im Touristik-Marketing und als Organisationsberater seit Jahren verfolge.

[2] World Tourism Organization www.unwto.org/facts/menu.html Der Zugriff auf die Webseite erfolgte mehrmals im Zeitraum Dezember 2007 bis Oktober 2008. Dies gilt auch für alle anderen Webseiten, die im Rahmen dieser Studie aufgeführt sind.

[3] Zu den Rahmenbedingungen und Einflussfaktoren vgl. auch Grümer (1993), Dettmer (2001: 33ff), zur historischen Entwicklung der Einflussfaktoren vgl. Leed (1993)

[4] Tourism and the Financial Crisis - 84th Session of the Executive Council of UNWTO, Pressemitteilung der UNWTO vom 15. Oktober 2008: http://www.unwto.org/media/news/en/press_det.php?id=2901&idioma=E
Vgl. auch die UNWTO-Studie "Global Imbalances and Structural Change in World Tourism", präsentiert am 11. November 2008 anläßlich des World Travel Market in London.

[5] Eric J. Leed (1993: 306) verwendet die Bezeichnung „Gesellschaft der Reisenden" ebenfalls, jedoch zumeist im Sinne von Reisegesellschaft, als der Zusammenschluss von Gruppen auf Reisen, ein „Prozeß von Fusion und Spaltung, der sich auf Flughäfen, Straßen, Busstationen oder Rastplätzen abspielt. Es ist eine Gesellschaft, die sich durch extrem flüchtige soziale Bindungen auszeichnet, aber dennoch ihre Gesetze, Regeln und Strukturen hat."

[6] Die Bezeichnungen „Ursachen der Reiselust" und „Ursachen des Reisens" werden im Rahmen dieser Studie synonym verwendet. Reiselust steht für die Perspektivenerweiterung des seit den 1960er Jahren eher tourismuskritischen Diskurses (vgl. Hennig 1999). Der Begriff Reiselust akzentuiert stärker die Vorfreude auf eine Reise und die angenehme Weise des Reiseerlebens.

[7] Zu den unterschiedlichen Gliederungsmöglichkeiten vgl. Mundt 2006: 105ff, Kiefl / Bachleitner 2005: 128f

[8] Zur Grave'schen Systematik und insgesamt zu seinem Modell vgl. Graves (2005) und im Internet unter: www.clarewgraves.com/home.html

[9] Zu den Entsprechungen zu Modellen der Identitätsentwicklung vgl. Wilber, Ken 2001: Anhang, Tafel 4a

[10] Damit wird „Wellness" von Horx in einem eingeschränkten Begriffsverständnis verwendet. Zur ursprünglichen ganzheitlichen Bedeutung des Begriffs vgl. Malich 1998: 207ff. Wellness ist demnach ein stetiger Prozess von Bewusstseinserweiterung und Lebensstilveränderung und dient der ganzheitlichen Gesundheitsförderung und Selbstentwicklung.

[11] Zu Kulturtourismus als ergänzende Leistung zu anderen Reiseformen vgl. Heinze 1999, 2005; Lohmann 1999

[12] Zum spirituellen Tourismus als Zukunftsmarkt vgl. auch Antz (2007)

[13] Vgl. auch Baumann (1995, 1997), Hetherington (1998), Schroll-Machl (1998), Wöhler (1999), Boomers (2004)

[14] Die Darstellung der Erklärungsansätze des sozialen Phänomens Reisen erfolgt in Anlehnung an das Modell der vier Quadranten nach Ken Wilber (Wilber 2001: 79ff)

[15] Zur sozialen und individuellen Konstruktion von gesellschaftlichen Raum- und Landschaftskonstruktionen vgl. Kühne (2006)

[16] Zur Entwicklung einer kunden- und sinnorientierten Dienstleistungskultur im Tourismus vgl. auch Pircher-Friedrich 2007

[17] Die zeitliche Zuordnung der einzelnen Entwicklungsstufen ist regional unterschiedlich. Sie ist abhängig von den jeweiligen touristischen Rahmenbedingungen und der politischen, ökonomischen, ökologischen, sozialen und kulturellen Entwicklung in einer Urlaubsregion.

[18] Zur Differenzierung neuer international-globaler Strategien der Destinationsgestaltung vgl. Bochert 2002, zur Globalisierung des Tourismus vgl. Petermann, 2007

[19] Zu den Chancen und Herausforderungen der neuen touristischen Netzwerke bei der Destinationsgestaltung vgl. Saretzki 2007

[20] Zur touristischen Lebenszyklusanalyse vgl. Freyer 2007: 316ff

[21] Zu weiteren Besonderheiten touristischer Leistungen im Vergleich zu anderen Dienstleistungen und zum Sachgütermarkt vgl. Freyer: 2007: 94

[22] Zu weiteren Indikatoren ritueller Strukturen vgl. Röll 1998: 154f

[23] Vgl.: www.sozarb.h-da.de/kontakt/lehrende/franz-josef-roell/index.htm

[24] Vgl.: http://www.gbv-diavortraege.de/roell.html

[25] Álvarez Peña 2001, 2002, 2004; Campomanes Calleja 2001; Llano (Aurelio del Llano) 1993; Rivas 2001

[26] Zu den sozio-demographischen, historischen und ökonomischen Grunddaten Asturiens vgl. www.asturias.es

[27] Zur Europäischen Route der Industriekultur vgl. www.erih.net

[28] Vgl.: www.infoasturiasempresa.com/contenidos/legislacion-turistica.menu

[29] Vgl.: http://tematico.asturias.es/mediambi/siapa/web/dsostenible/astur/index.php

[30] Vgl. www.infoasturiasempresa.com

[31] Zu dem Konzept des verinselten Raums in Abgrenzung zum traditionellen und zum synthetischen Raum vgl.: Bertels 1997: 73ff

[32] Nicht-Orte sind mono-funktional genutzte Flächen wie Autobahnen, Bahnhöfe, Hotelketten und Flughäfen, vgl. zu dem Konzept der Nicht-Orte Augé (1994) und Gross 1999: 127ff

[33]
www.infoasturiasempresa.com/action/listadoRecursos?metodo=getListado&tipoRecursoId=743&idNodo=%2Fdirecciones%2Fasociaciones-turismo.menu

[34]
www.infoasturiasempresa.com/action/listadoRecursos?metodo=getListado&tipoRecursoId=45083&idNodo=%2Fdirecciones%2Forganismos-locales%2Fmancomunidades.menu

[35] Vgl.: Consejería de Cultura, Comunicación Social y Turismo del Principado de Asturias und SRT, 2007

[36] Quelle für die statistischen Angaben in diesem Kapitel sind (soweit nicht anders vermerkt) die statistischen Jahresberichte des SITA (Sistema de Información Turística de Asturias) El Turismo en Asturias 2003 - 2007, Gijón, 2004 - 2008

[37] Vgl.: www.iet.tourspain.es/informes/Documentacion/Balance2004-2007.pdf

[38] Vgl.: http://turismo.ayto-oviedo.es/turismo/index.php?lg=de

[39] Vgl.: www.santuariodecovadonga.com

[40] Die technischen Voraussetzungen dafür sind in den Grundzügen bereits gegeben, wie z.B. die virtuellen dreidimensionalen Reisemöglichkeiten im östlichen Asturien zeigen: vgl. www.llanes.com/mapa3d/

[41] Vgl. Àlvarez Peña 2001 u. 2004

[42] Vgl. Álvarez Peña 2002

[43] www.spain.info/TourSpain/Destinos/CCAA/Datos+Generales/C/0/Geografia.htm?language=de

[44] www.infoasturias.com/action/InfoasturiasFichaRecurso?setLocale=de&recursoId=1387&metodo=getFichaHTML

[45] www.spain.info/TourSpain/Naturaleza/Espacios%20Naturales/0/Parque%20Nacional%20de%20los%20Picos%20de%20Europa.htm?Language=de

[46] www.spain.info/TourSpain/Barra+Multimedia/0/MultimediaBar.htm?resourcename=158659&subsystem=DstCdg&resourcetype=1&siblingname=&zone=C

[47] www.infoasturias.com/action/InfoasturiasFichaRecurso?setLocale=de&recursoId=1384&metodo=getFichaHTML

[48] www.infoasturias.com/action/InfoasturiasFichaRecurso?setLocale=de&recursoId=1414&metodo=getFichaHTML

[49] www.infoasturias.com/action/InfoasturiasFichaRecurso?setLocale=de&recursoId=1413&metodo=getFichaHTML

[50] www.infoasturias.com/contenidos/paraiso-natural.menu?setLocale=de

[51] www.infoasturias.com/action/InfoasturiasListadoTipoRecurso?setLocale=de&metodo=getListadoRecursos&tipoRecursoId=802&nodo=/paraiso-natural/fauna.menu

[52] www.infoasturias.com/action/InfoasturiasFichaRecurso?setLocale=de&recursoId=4187&metodo=getFichaHTML

[53] www.infoasturias.com/action/InfoasturiasFichaRecurso?setLocale=de&recursoId=1396&metodo=getFichaHTML

[54] www.infoasturias.com/action/InfoasturiasFichaRecurso?recursoId=1445&metodo=getFichaHTML

[55] www.spain.info/TourSpain/Costas+y+Playas/Costas/0/Costa+Verde?language=de

[56] www.spain.info/TourSpain/Grandes+Rutas/Rutas/Rutas/0/Camino%20del%20Norte?language=de

[57] www.infoasturias.com/action/InfoasturiasFichaRecurso?setLocale=de&recursoId=2943&metodo=getFichaHTML

[58] www.infoasturias.com/action/InfoasturiasFichaRecurso?setLocale=de&recursoId=2920&metodo=getFichaHTML

[59] www.spain.info/TourSpain/Barra%20Multimedia/0/MultimediaBar??subsystem=DstCdg&zone=C&resourcetype=5

[60] www.spain.info/TurSpainWeb/Images/BMM/Mediateca/Reportajesinfograficos/E_VERDE_DE_SWF/RI_PORTAD_EV_DE.swf

[61] www.spain.info/TurSpainWeb/Images/BMM/Mediateca/Reportajesinfograficos/V_PLATA_DE_SW/RI_PORTAD_VP_DE.swf

[62] www.spain.info/TurSpainWeb/Images/BMM/Mediateca/Reportajesinfograficos/SEFARAD_DE_SWF/RI_PORTAD_SEP_DE.swf

[63] www.infoasturias.com/contenidos/tesoro-cultural/cuevas-prehistoricas.menu?setLocale=de

[64] www.spain.info/TourSpain/Arte%20y%20Cultura/Monumentos/C/BP/0/Cueva%20del%20Tito%20Bustillo%20(Ribadesella)?Language=DE

[65] www.infoasturias.com/contenidos/tesoro-cultural/castros.menu?setLocale=de

[66] www.spain.info/TourSpain/Arte%20y%20Cultura/Monumentos/C/BP/0/Santuario%20de%20Covadonga%20(Cangas%20de%20Onis)?Language=DE

[67] www.infoasturias.com/action/InfoasturiasFichaRecurso?setLocale=de&recursoId=2063&metodo=getFichaHTML

[68] www.infoasturias.com/action/InfoasturiasListadoTipoRecurso?setLocale=de&metodo=getListadoRecursos&tipoRecursoId=1083&nodo=/saboreando/sidra.menu

[69] www.spain.info/TourSpain/Destinos/TipoII/Datos+Generales/C/BP/0/Oviedo?language=de

[70] http://turismo.ayto-oviedo.es/turismo/index.php?lg=de

[71] www.gijon.info

[72] www.spain.info/TourSpain/Destinos/TipoIII/Datos+Generales/C/BP/0/Gijon?language=de

[73] www.transcantabrico.feve.es/index.asp?MP=24&MS=3&MN=2&TR=A&IDR=1&iddocumento=17

[74] www.globoastur.com

[75] www.ondabrava.com/?lang=de

[76] www.terraviva.de/erlebnisreisen%20pdf/camino_del_norte_08.pdf

[77] www.terraviva.de/erlebnisreisen%20pdf/picos_valles_del_oso.pdf

[78] www.ondabrava.com/?lang=de

[79] www.picosincognito.com/pages/home_dtpag.html

[80] www.terraviva.de/erlebnisreisen%20pdf/picos_de_europa.pdf

[81] www.talasoponiente.com

[82] www.pures-reisen.de/Asturien-Picos-de-Europa-,65,3,2,3,rs.html

[83] www.tuifly.com/de/destinations/bilbao_biarritzkueste.html

Autorenprofil

Ralf Pochadt
Oberstraße 131, D-53859 Niederkassel
Mail: pochadt@integrale-beratung.biz
Web: www.integrale-beratung.biz/pochadt

Beruflicher Werdegang:

Seit 1999
Freiberufliche integrale Beratung und Touristik-Marketing
Organisationsberater
Potenzialberatung für Organisationen im Bereich Tourismus & Freizeit

1995 - 1998
Evangelische Zentralstelle für Entwicklungshilfe in Bonn
Projektbearbeiter und EU-Referent
Projekte der kirchlichen Entwicklungszusammenarbeit und
Koordinierung der Kofinanzierungen mit der Europäischen Union

1991 - 1995
Instituto de Desarrollo Social de la Iglesia Morava en Nicaragua
Organisationsberater und Ausbilder
Berater für Organisationsentwicklung und Projektmanagement

1988-1991
Bundesministerium für wirtschaftliche Zusammenarbeit in Bonn
Projektbearbeiter Lateinamerika
Technische und Finanzielle Zusammenarbeit mit Brasilien, Argentinien,
Uruguay sowie Regionale Entwicklungspolitik

Studium:

2003-2008
FernUniversität Hagen in Teilzeit
Master of Arts Soziologie: Individualisierung und Sozialstruktur
Schwerpunkte: Tourismussoziologie, Reisen und Individualisierung

1995-2003
FernUniversität Hagen in Teilzeit
Weiterbildungsstudium
Erziehungswissenschaft, Politikwissenschaft, Arbeits- u. Organisations-
psychologie, Psychologie sozialer Prozesse, Ökologische Psychologie

1986-1988
Rheinische Friedrich-Wilhelms-Universität Bonn und
Universidad Complutense de Madrid
Zusatzstudium Weltwirtschaft und Entwicklungszusammenarbeit
Schwerpunkt: Spanien und Lateinamerika in der Weltwirtschaft

1983-1986
Fachhochschule Köln
Diplom Betriebswirt
Schwerpunkte: Personalwesen und Außenwirtschaft